Christina Mühlig
Poetry Slam in der Unterrichtspraxis

POETRY SLAM IN DER UNTERRICHTSPRAXIS

EIN LEITFADEN FÜR LEHRER*INNEN

CHRISTINA MÜHLIC

Erste Auflage 2020

Lektora GmbH
Schildern 17–19
33098 Paderborn
Tel.: 05251 6886809
Fax: 05251 6886815
www.lektora.de

Druck: MCP, Marki
Coverfoto: René Roland Katterwe
Covermontage: Lektora GmbH, Denise Bretz
Lektorat: Lektora GmbH, Denise Bretz
Layout Inhalt: Lektora GmbH, Denise Bretz
Printed in Poland

ISBN: 978-3-95461-157-7

INHALT

1. WARUM DIESES BUCH?

Poetry Slam wird Jahr für Jahr immer bekannter und bietet durch seinen leichten Zugang SuS[1] die Möglichkeit, sich mit Literatur(-Praxis) ohne Hemmschwellen zu beschäftigen. Durch Poetry Slam haben die SuS die Möglichkeit, sich literarisch weiterzubilden und ihre eigene Kreativität auszuleben. Mittlerweile haben auch Lehrer*innen immer mehr Interesse an diesem Format, wissen jedoch häufig nicht, wie genau sie Poetry Slam in ihren Unterricht einbinden sollen. Es gibt wenig Bücher auf dem Markt, die sich mit der konkreten Umsetzung von Poetry Slam in Schulen beschäftigen. Diese Lücke soll durch dieses Buch geschlossen werden. Es soll eine praktische Handreichung zur Umsetzung und Implementierung von Poetry Slam sein. Sie finden zuerst eine Abhandlung zur Geschichte und Entwicklung von Poetry Slam in den USA und in Deutschland. Besonders wird, aufgrund des Alters der SuS, auf das Format „U20-Poetry-Slam" eingegangen. Der Hauptteil des Buches besteht aus konkreten Vorschlägen für den Unterricht, unterteilt in

1 SuS: Schülerinnen und Schüler

kürzere Einheiten (wie z. B. Einzelstunden), bis hin zu größeren Einheiten (wie z. B. die Gründung eines Projektkurses). Die Vorschläge eignen sich sowohl für die Sekundarstufe I als auch für die Sekundarstufe II. Auch eine Lehrplaneinordnung wird vorgenommen und das didaktische Potenzial dargestellt. Geklärt wird auch die Frage, wie man ein solch kreatives Format wie Poetry Slam bei der Arbeit mit SuS bewerten kann. Es erfolgt ein exemplarischer Bezug auf die Lehrpläne und Bildungsstandards des Landes NRW.

Entstanden sind die Ideen des Buches aus der Unterrichtspraxis heraus, was auch das wesentliche Merkmal des Buches ist: Die Autorin verfügt über praktische Erfahrungen in allen Bereichen, die für dieses Buch relevant sind. Sie arbeitet seit 2013 an einer Gesamtschule in NRW und hat dort im Jahre 2014 einen Poetry-Slam-Projektkurs in der Oberstufe entwickelt, den sie seitdem regelmäßig unterrichtet.

Gemeinsam mit den SuS der ersten Projektkurse entwickelte sie einen U20-Poetry-Slam in NRW, den sie bis heute veranstaltet und moderiert und dadurch jungen Menschen der Region die Möglichkeit gibt, ihre Slamtexte öffentlich vor Publikum vorzutragen. Seit 2017 entwickelt sie Konzepte zur Umsetzung von Poetry Slam in der Sek I. Sie selbst steht seit 2014 als Poetry Slammerin auf den Bühnen des deutschsprachigen Raumes und moderiert mittlerweile drei eigene Poetry Slams. Seit 2016 gibt sie Workshops für Lehrer*innen, SuS, Student*innen und andere Menschen.

Sie finden hier also keine rein theoretische Abhandlung des Themas, sondern praxiserprobte Vorschläge, die sich konkret auf die Umsetzung des Themas in Schulen beziehen.

2. GESCHICHTE DES POETRY SLAMS

„Dichterwettstreite“ gab es bereits in der Antike. Aufgund der Konzeption dieses Buches, das mehr eine praktische Handreichung für den Unterrichtsbetrieb sein soll als eine literaturwissenschaftliche Abhandlung, verweise ich zur früheren Geschichte des Poetry Slams auf die angegebene Literatur in den Fußnoten und fokussiere mich hier auf die moderne Form des Poetry Slams, die Teil der Unterrichtskultur werden soll. [2]

Der moderne Poetry Slam ist ein Veranstaltungformat, das von dem Bauarbeiter Marc-Kelly Smith „erfunden“ wurde (dabei erinnert das Format „Poetry Slam“ an Dichterwettstreite früherer Zeiten und das öffentliche Reden-Halten und die Rhetorik der Antike). Seinen ersten Poetry Slam mit dem Namen „The Uptown Poetry Slam“ veranstaltete er 1986 im

2 Weiterführend: Anders, Petra: Deutschdidaktik aktuell. Band 34. Poetry Slam. Baltmannsweiler: Schneider Verlag Hohengehren, 2. Auflage, 2013 (S. 40–52)

Green Mill Jazzclub in Chicago.[3] Er fand die klassischen akademischen Literaturveranstaltungen zu uninspirierend und wünschte sich mehr Lebendigkeit auf der Bühne. Deshalb wollte er, dass die Poet*innen nicht nur auf ihren Text, sondern auch auf ihre Performance Wert legen. Außerdem soll das Publikum aktiv mit in die Literaturveranstaltung einbezogen werden. Aus diesen Grundgedanken heraus entwickelte er das Format „Poetry Slam", das sich von den USA aus zuerst in Kanada und seit den 90er Jahren in die ganze Welt verbreitete und überall Anhänger fand.[4]

Dies war möglich, da es sein Hauptanliegen war, Poesie zugänglicher für alle Menschen zu machen, auch, wenn sie nicht im klassischen Literaturbetrieb tätig sind.

Die Hemmschwelle vor dem klassisch-akademischen Literaturbetrieb wird durch das Format „Poetry Slam" abgebaut – die Bühne ist offen für alle, es bedarf keiner Qualifikation, um bei einem Poetry Slam aufzutreten. Bei den meisten Poetry Slams sollte man sich vorher anmelden, einige bieten aber auch immer Plätze für eine spontane Teilnahme an. Informationen über das Anmeldeprozedere bekommt man über den*die Slammaster*in des je-

---

3 Vgl.: Willrich, Alexander: Poetry Slam für Deutschland. Die Sprache. Die Slam Kultur. Die mediale Präsentation. Die Chancen für den Unterricht. Paderborn: Lektora, 2010 (S. 16)

4 Vgl.: Anders, Petra: Poetry Slam. Live Poeten in Dichterschlachten. Ein Arbeitsbuch. Mülheim an der Ruhr: Verlag an der Ruhr, 2007 (S. 18–19)

weiligen Poetry Slams. Der*die Slammaster*in veranstaltet die Poetry Slams, lädt die Poet*innen ein, kümmert sich um die Werbung und moderiert ggf. auch selbst seine*ihre Slam Veranstaltung. Es gibt nur wenige **Regeln** beim Poetry Slam:

Wichtig!

- Die Texte müssen selbst geschrieben sein
- Es darf nur auszugsweise gesungen werden (hierbei gilt die ungeschriebene Poetry-Slam-Regel: Je schlechter man singt, desto mehr darf man während seines Textes singen)
- Die Texte haben ein Zeitlimit (meist 5–7 Minuten)
- Es dürfen keine Requisiten/Verkleidungen auf der Bühne benutzt werden (Ausnahme: das Textblatt oder das Handy, um den Text abzulesen)

Wichtig!

Außerdem gelten die Grundsätze „The point is not the point“ sowie „Respect the poets“.

Inhaltlich und formal ist Poetry Slam also ein sehr freies Format. Es gibt lyrische Texte mit oder ohne klassisches Versmaß. Aufgrund der Oralität des Formats sind auf häufig Wort- und Klangspiele zu finden. Im Bereich der Prosa lassen sich viele Texte unter dem Oberbegriff „Storytelling" zusammenfassen: Es wird oft eine Geschichte erzählt. Wie diese ausgestaltet ist und welche Emotionen beim Zuhörer geweckt werden sollen, ist dabei äußerst vielfältig. Ebenso darf auf der Bühne gerappt werden. Auch Teamtexte sind möglich. Bei einigen Texten wird das Publikum mit in den Text/Vortrag eingebunden („Mitmachtexte")[5]. Petra Anders arbeitet als Merkmale für Poetry Slam folgende Aspekte heraus:

Aktualität, Klanglichkeit, Interaktion (entweder direkt mit dem Publikum durch Mitmachtexte/Anmoderation oder durch das Wecken von Emotionen durch das Vortragen des Textes), Intertextualität (mit anderen Slamtexten, mit der Popkultur, mit allen möglichen literarischen Werken und Formen, mit wissenschaftlichen Theorien – auch hier gibt es keine Beschränkungen) und Kürze.[6] Die Texte können sowohl auswendig vorgetragen werden als auch unter Zuhilfenahme des Textblattes (in heutigen Zeiten wird auch gerne das Handy als Schreib-

5 Vgl. weiterführend: Willrich, Alexander: Poetry Slam für Deutschland. Die Sprache. Die Slam Kultur. Die mediale Präsentation. Die Chancen für den Unterricht. Paderborn: Lektora, 2010 (S. 31–34)

6 Vgl.: Anders, Petra: Deutschdidaktik aktuell. Band 34. Poetry Slam. Baltmannsweiler: Schneider Verlag Hohengehren, 2. Auflage, 2013 (S. 22–23)

medium genutzt, dieses darf dann als Ersatz eines Textblattes ebenfalls mit auf die Bühne genommen werden).

Die literarischen und popkulturellen Einflüsse auf die Entwicklung von Poetry Slam sind vielfältig. So nennt z. B. Alexander Willrich Social Beat, Hip Hop und Rap, die Beatgeneration, den Dadaismus sowie die allgemeine Popliteratur als wichtige Bezugs- und Entwicklungspunkte.[7] Wichtig ist nicht nur der Text, sondern auch die Performance: die Modulation der Stimme, das klare und deutliche Sprechen, Sicherheit auf der Bühne, das Spielen mit der Lautstärke und der Sprechgeschwindigkeit ... dabei ist alles möglich. Die Bühne gehört während der Auftrittszeit der Poetin bzw. dem Poeten und sie/er ist frei, zu tun, was sie/er möchte, solang sie/er sich an die obigen Regeln hält.

Die Anzahl der Teilnehmer*innen wird von der/dem Slammaster*in/Moderator*in festgelegt, zumeist sind es zwischen 5 und 10 Slammer*innen, die auf einem Poetry Slam auftreten. Je nach Anzahl der Teilnehmer*innen gibt es verschiedene Durchführungsmodi: Bei 6 bzw. 8 Teilnehmer*innen bietet es sich an, dass man in der ersten Runde alle Poet*innen auftreten lässt, die vier besten Poet*innen ins Halbfinale schickt und aus diesen dann wieder zwei durch das Publikum bestimmen lässt, die dann im

7 Vgl. und weiterführend: Willrich, Alexander: Poetry Slam für Deutschland. Die Sprache. Die Slam Kultur. Die mediale Präsentation. Die Chancen für den Unterricht. Paderborn: Lektora, 2010 (S. 21–30)

Finale gegeneinander antreten. Sollten es wesentlich mehr als acht Poet*innen sein, ist es eine gute Idee, nur zwei Runden durchzuführen, damit das Publikum im Finale noch aufnahmefähig genug ist. Im Finale treten, je nach Regelung des jeweiligen Slams, meistens 2–4 Poet*innen gegeneinander an. Die Preise sind dabei eher symbolischer Natur und nicht von hohem materiellem Wert. Bei einigen Poetry Slams gibt es einen Pokal, bei anderen wird ein Hut rumgegeben, in den das Publikum „Preise" für die Siegerin bzw. den Sieger legen kann.

Für die Bewertung durch das Publikum sind verschiedene Methoden denkbar: Bei Slams mit einem kleineren Publikum kann man mit Handzeichen abstimmen lassen (einige Slams nehmen statt der Hände auch Rosen, die der/die Gewinner/in des Slams dann am Ende der Veranstaltung mit nach Hause nehmen darf) und die Poet*innen mit den meisten Stimmen weiterkommen lassen. Ebenfalls möglich ist eine Applausabstimmung, die Poet*innen mit dem stärksten Applaus kämen dann jeweils eine Runde weiter. Bei den meisten Slams und Meisterschaften wird mit Punktetafeln abgestimmt (von 1–10). Die 1 ist dabei die niedrigste Punktzahl und die 10 die höchste (SuS denken oftmals, dass es analog zu Schulnoten wäre, deshalb ist es wichtig, dies insbesondere bei U20-Slams vorab dem Publikum zu erklären). Da natürlich immer auch Freunde oder Verwandte bzw. der Ex-Freund oder die Ex-Freundin im Publikum sitzen können, werden meistens die höchste und die niedrigste Wertung des Publikums gestrichen und nur die übriggebliebenen Punkte zusammengerechnet. In die Wertung fließt dabei nicht nur der Text ein, sondern auch die Performance der Poet*innen. Das Publikum kommentiert die Wertungen der Jury mitunter lautstark durch zustimmende Rufe oder ablehnendes Buhen. So ist festzuhalten, dass das Publikum insgesamt mehr involviert wird und im Idealfall auch durch die Moderator*innen dazu motiviert wird als bei anderen Kulturveranstaltungen wie z. B. einer Theateraufführung.

2.1. POETRY SLAM IN DEUTSCHLAND

Poetry Slam ist in Deutschland seit den 90er Jahren bekannt. 1992 lud das Literaturhaus Hamburg den amerikanischen Slampoeten Bob Holmann zu einer Lesung ein, 1994 fand der erste regelmäßige Slam in Berlin statt. 1996 folgte München und 1997 Hamburg. Gegen Ende der 90er Jahre beschließen die deutschen Slamveranstalter*innen, auf nationaler Ebene zusammenzuarbeiten, und so findet Ende 1997 der erste National Poetry Slam in Berlin statt. Das Format Poetry Slam ist nun nicht mehr aufzuhalten und verbreitet sich in alle Bundesländer. 2007 produziert der WDR in Köln den ersten Fernsehslam und das Format wird durch die mediale Verbreitung noch bekannter. Die Szene wächst mit jedem Jahr, was sich z. B. an der Anzahl der Slams in Deutschland zeigt sowie an den Besucherzahlen der Meisterschaften.[8]

In jedem Bundesland gibt es viele regelmäßig stattfindende Poetry Slams und eine Landesmeisterschaft. Zur jeweiligen Landesmeisterschaft werden die besten Poet*innen des Bundeslandes geschickt. Diese qualifizieren sich meistens über einen sogenannten „Highlander" gegen Ende einer Poetry-Slam-Saison, die in Deutschland meist knapp vor dem Sommerferien endet und nach den Sommerferien wieder beginnt. Zum Highlander, sofern der Slam einen veranstaltet, werden die Sieger*innen der vergangenen Slamsaison eingeladen und treten auf dem letzten Poetry Slam der Saison, eben dem „Highlander", gegeneinander an. Die Gewinnerin bzw. der Gewinner wird dann, sofern der Slam nominierungsberechtigt ist, für den jeweiligen Slam und die Region zur Meisterschaft geschickt. Veranstaltet ein Poetry Slam keinen Highlander, darf auch auf andere Weise von den Slammaster*innen eine Poetin bzw. ein Poet gewählt werden, die/der dann meist enger mit dem jeweiligen Poetry Slam verknüpft ist (z. B. ein „Lokalmatador").

Aufgrund der Vielzahl der in Deutschland stattfindenden Poetry Slams darf nicht jeder Poetry Slam eine Teilnehmerin bzw. einen Teilnehmer für die Landesmeisterschaft auswählen. Die Poetry-Slam-Szene hat sich dafür eine Formel (die sogenannte „Surmann-

---

8 Vgl. und weiterführend: Alexander Willrich: Poetry Slam für Deutschland. Die Sprache. Die Slam-Kultur. Die mediale Präsentation. Die Chancen für den Unterricht. Paderborn: Lektora, 2010 (S. 16–18)

Poeck-Formel"[9]) einfallen lassen, dort wird u. a. berücksichtigt, wie lang der Slam in der jeweiligen Stadt existiert und wie oft er bislang stattgefunden hat. Die jeweilige Landesmeisterschaft findet einmal im Jahr statt, außerdem wird einmal im Jahr die „Deutschsprachige Meisterschaft im Poetry Slam" veranstaltet. Qualifizieren kann man sich dafür über Siege bzw. Finalplätze bei den Landesmeisterschaften, außerdem dürfen auch einige der Poetry Slams in Deutschland direkt einen Teilnehmer küren. Die einzelnen Poetry Slams bewerben sich beim Veranstalter und dann wird nach der Poeck-Formel auch hier ausgewählt, welche Slams Starter für die Meisterschaft benennen dürfen. Bei den Meisterschaften gibt es auch einen Teamwettbewerb, bei dem zwei bis fünf Poet*innen (in jüngerer Zeit meistens zwei) als Team gegen andere Teams antreten.

Da es sehr viele Poetry Slams gibt, ist es schwierig, einen Überblick zu behalten, wie viele Slams es genau gibt und wo diese veranstaltet werden.[10] Bis vor einigen Jahren organsierte sich die Szene über ein Netzwerk im Internet[11], diese Seite wird mittlerweile aber nicht mehr gepflegt und benutzt. Einige Regionen verfügen jedoch weiterhin über eine gemeinsame Seite mit Veranstaltungshinweisen im Internet, z. B. Berlin.[12] Intern

9 http://www.slam2017.de/media/nominierungsverfahren.pdf (letzter Zugriff am 20.01.20). Diese Formel unterliegt ständigen Anpassungen.

10 Mittlerweile finden im deutschsprachigen Raum über 300 regelmäßige Poetry Slams statt.

11 myslam.de

12 www.slammin-poetry.de (letzter Zugriff am 20.01.2020)

ist die Szene primär über Facebook vernetzt. Dort kann man auch nach Poetry-Slam-Veranstaltungen suchen, da fast jeder Slam eine eigene Facebookseite hat. So sind auch die Kontakte zu den Veranstalter*innen möglich, z. B. für Auftrittsanfragen. Viele der Poetry Slammer*innen haben eine Facebook- oder Instagramkünstlerseite und sind darüber kontaktierbar. Im Zuge der Professionalisierung von Poetry Slam haben natürlich zahlreiche Poetry Slams bzw. Poetry Slammer*innen eine eigene Homepage.

Thematische Zusammenschlüsse gibt es auch, so haben sich z. B. einige weibliche Poet*innen zusammengefunden, um die „Slam Alphas“ zu gründen und damit besonders auf die Belange junger Poetry Slammerinnen eingehen zu können.[13] Auf einigen Poetry Slams werden die Auftritte gefilmt und anschließend bei YouTube hochgeladen.

Wichtig!

YouTube ist ein großer Fundus, um nach Poetry-Slam-Texten für den Unterricht zu suchen und sich über die Stilistik verschiedener Künstler*innen zu informieren.

Die Slam-Szene Deutschlands ausführlich darzustellen, ist jedoch aufgrund der Zielsetzung des Buches nicht möglich und wäre außerdem nur eine Momentaufnahme, da sich die Szene in einem ständigen Wandel befindet. Mittlerweile gibt es z. B. immer mehr

13 www.slamalphas.org (letzter Zugriff am 20.01.2020)

Special Slams: Themenslams, Städte-Battle, Jazz-Slams (die Poet*innen werden beim Vortrag musikalisch durch eine Jazzband begleitet), Dead-or-Alive-Slams (Poet*innen tragen ihre eigenen Texte vor und treten damit gegen Schauspieler*innen an, die Texte von Größen aus dem Literaturkanon rezitieren), Reise-Slams (dort gibt es zusätzlich zum Vortrag noch eine Power-Point-Präsentation zur Reise), Science-Slams (wissenschaftliche Theorien/Phänomene) und einige weitere.[14] Filmerisch Interessierte unterstreichen ihre Texte auch gerne mit dazu gedrehten Videos, den sogenannten Poetry-Slam-Clips.

Festzuhalten ist, dass die deutschsprachige Poetry-Slam-Szene (inklusive Österreich und der Schweiz) mittlerweile die größte der Welt ist und – auch durch ihren einfachen Zugang – insbesondere Jugendliche und junge Erwachsene begeistert. Die Relevanz des Formates für Jugendliche und junge Erwachsene erkennt man z. B. an der steigenden Zahl von U20-Poetry-Slams in den letzten Jahren.

2.2. U20-POETRY-SLAM

Auch das Format „U20-Poetry-Slam" ist ein Special Slam, denn dort dürfen nur Poet*innen auftreten, die maximal 20 Jahre alt sind. Aufgrund des

14 Einige dieser Special Slams sowie weitere werden hier näher erläutert: Alexander Willrich: Poetry Slam für Deutschland. Die Sprache. Die Slam-Kultur. Die mediale Präsentation. Die Chancen für den Unterricht. Paderborn: Lektora, 2010 (S. 76 ff.)

Jugendschutzes finden U20-Poetry-Slams meist am frühen Abend oder am Nachmittag statt und das Publikum ist im Schnitt jünger als bei einem regulären Poetry Slam. Oft finden vor U20-Slams Workshops statt, in denen die Jugendlichen und jungen Erwachsenen das Schreiben und Performen üben können und in denen genug Raum ist, um ihre Fragen zu beantworten und ihre Nervosität zu lindern.

Der U20-Poetry-Slam entwickelte sich mit dem Wachsen und der Professionalisierung der Szene und ist seit 2004 kontinuierlich im Aufbau. Es gibt seit 2013 eine eigene von den „großen" Meisterschaften abgetrennte deutschsprachige U20-Meisterschaft, da die Szene der kontinuierlichen Entwicklung im U20-Bereich Rechnung getragen hat. War es in den Jahren davor noch schwieriger, genügend Poet*innen zu gewinnen, gibt es mittlerweile auch U20-Landes- oder Staatsmeisterschaften (Schweiz und Österreich), über die man sich dann mit einem Finalplatz für die deutschsprachigen Meisterschaften qualifizieren kann.[15] Für die Landesmeisterschaften qualifiziert man sich, analog zu den „großen" Meisterschaften, über Siege bei lokalen U20-Slams. Zudem dürfen auch hier einige Slams direkt nominieren – und zwar die ältesten U20-Slams mit den

---

15 Vgl.: Anders, Petra: Poetry Slam im Deutschunterricht. Baltmannsweiler: Schneider Verlag Hohengehren, 2. Auflage, 2012 (S. 84–85), eine Übersicht mit den Teilnehmerzahlen der U20-Meisterschaft finden sich auf S. 86.

meisten Austragungen.
Man wollte so den Nachwuchspoet*innen einen ge-

Wichtig!

Die Poet*innen haben aktuell im U20-Bereich leichter die Möglichkeit, an Meisterschaften teilzunehmen, denn auch wenn die Szene groß ist, ist der Anteil der Ü20-Poet*innen doch größer als der der U20-Poet*innen, was die Chance erhöht, sich für eine Meisterschaft zu qualifizieren und sich ohne den Konkurrenzdruck zu Poet*innen, die schon jahrelang auf der Bühne stehen, zu entwickeln.

schützten Rahmen bieten, sodass sie nicht sofort gegen langjährig erfahrene Künstler*innen antreten müssen (wobei es natürlich bei den regulären Poetry Slams keine Altersbeschränkung gibt, auch dort dürfen U20-Poet*innen auftreten, wenn sie es möchten). So können sich Jugendliche und junge Erwachsene unter ihresgleichen miteinander messen und die Hemmschwelle, sich zum ersten Mal auf eine Bühne zu stellen und seinen Auftritt der Bewertung freizugeben, ist geringer. Dass die Nachwuchsarbeit in der Szene sehr gut funktioniert, sieht man u. a. daran, dass viele der U20-Meisterschaftsteilnehmer*innen auch nach dem Erreichen des 21. Lebensjahres aktiv und erfolgreich in der Szene unterwegs sind.

Für junge Menschen im Umbruch zwischen Kindheit, Pubertät und Erwachsen-Werden ist es besonders wichtig, gehört zu werden und ihre Gedanken zu formulieren, ernst genommen zu werden. Durch die Beschäftigung mit Poetry Slam werden diese Bedürfnisse gestillt, man gewinnt an Selbstbewusstsein, wenn man sich zum ersten Mal getraut hat, aufzutreten, und man fiebert backstage mit den anderen U20-Poet*innen mit, sodass ein Gemeinschaftsgefühl und ein reger Austausch über Texte, Poetry Slam und Privates entstehen kann. Poetry Slam kann den Jugendlichen also dabei helfen, ihre Identität zu entwickeln[16], Freunde zu finden und ihr Selbstwertgefühl zu stärken. Aus diesem Grund ist die Beschäftigung mit Poetry Slam auch aus pädagogischer Perspektive sinnvoll.

Wichtig!

Zudem führt die Beschäftigung mit Poetry Slam zu einer Steigerung der Lesekompetenz und der Sicherheit im mündlichen Ausdruck. Ebenso bekommen die Jugendlichen durch das Konstruieren von Texten einen besseren Zugang zur Analyse von literarischen Texten.

16 Vgl.: Samonig, Sabine: „Checker dichten!“ Poetry Slam mit Jugendlichen. Berlin: Rabenstück Verlag, 2010 (S. 70–74)

Wichtig!

Nutzen Sie Poetry Slam in der Schule, um die Begeisterungsfreude für den Umgang mit Sprache bei SuS zu wecken und deren Kreativität, ihr Selbstbewusstsein und die Ausdrucksstärke zu fördern. Durch die Niedrigschwelligkeit des Formates ist es für Jugendliche jeden Alters, jeder Bildungsstufe und jedes sozialen Milieus interessant.

3. INTEGRATION VON POETRY SLAM IN SCHULE(N)

Das Thema Poetry Slam an den Schulen einzuführen, zu etablieren und nachhaltig zu verankern, ist aus den bereits dargelegten Gründen eine lohnenswerte Aufgabe. Bei der Herangehensweise gibt es einige Möglichkeiten, die im Folgenden näher dargestellt werden.

3. 1. EXTERNE WORKSHOPS

Mitunter nehmen lokale, bekannte Slammer*innen oder Veranstalter*innen von Meisterschaften Kontakt zu Schulen in der Region auf, um sie auf Poetry-Slam-Workshops und ggf. U20-(Landes-)Meisterschaften hinzuweisen. Die Poet*innen bieten in diesem Zusammenhang z. B. einen „Schnupperslam" in der Schule an, d. h. sie stellen Poetry Slam und/oder eigene Texte vor den SuS und Lehre*innen vor, um sie dadurch für Poetry Slam zu begeistern. Je nach Vereinbarung werden anschließend die Lehrer*innen geschult und in Workshops mit den

SuS gearbeitet.[17] Ab und an finanzieren die Länder oder größere Firmen sowie private Stiftungen diese Workshops bzw. organisieren lokale Schulbattles o. Ä. Es ist aber auch möglich, selbst als Lehrerin bzw. Lehrer aktiv zu werden und Poet*innen zu kontaktieren und diese zu einem Workshop in der eigenen Schule einzuladen. Viele erfahrene Poet*innen bieten mittlerweile professionelle Workshops für SuS an, dies kann man im Regelfall gut im Internet über die Homepages der einzelnen Künstler*innen recherchieren und diese dort auch direkt kontaktieren, was viele Schulen auch in Anspruch nehmen.[18] Man sollte bei der Auswahl der Workshop-Dozent*innen auf die Punkte Erfahrung und die Qualifikation achten. Im Zweifel kann man sich von den Dozent*innen Referenzen geben lassen.

Wichtig!

Die Zusammenarbeit mit erfahrenen Bühnenpoet*innen ist nachdrücklich zu empfehlen, vor allem, da die „Profis" im Gegensatz zu den meisten Lehrer*innen den Hintergrund der Praxis-Authentizität mitbringen.

---

17 Vgl.: Anders, Petra: Deutschdidaktik aktuell. Band 34. Poetry Slam. Baltmannsweiler: Schneider Verlag Hohengehren, 2. Auflage, 2013 (S. 55). Vgl. auch: Jason Bartsch: Der Poetry-Slam-Workshop. In: Poetry Slam. Das Handbuch. Hg. von Karsten Strack. Paderborn: Lektora, 2017 (S. 127–134)

18 Zur genaueren Beschreibung und Darstellung eines Workshops siehe weiterführend: Samonig, Sabine: „Checker dichten!" Poetry Slam mit Jugendlichen. Berlin: Rabenstück Verlag, 2010 (S. 28 ff.)

Aber auch Sie als Lehrerin oder Lehrer können natürlich mit Ihren SuS in das Thema einsteigen. Einige Angebote zur Unterrichtseinbindung folgen in den nächsten Kapiteln. Dabei sind alle vorgestellten Angebote bereits im Schulalltag (von der Verfasserin) getestet worden.

3.2. INTEGRATION IN EINZEL-/DOPPELSTUNDEN

Es ist sicherlich schwierig, in einer Einzelstunde einen kompletten Poetry-Slam-Text zu schreiben. Trotzdem ist es auch möglich, sich in einer Einzelstunde (besser natürlich noch in einer Doppelstunde) mit Poetry Slam zu beschäftigen. Es ist dann sinnvoll, einen kleinen Teilbereich von Poetry Slam zu behandeln. In der Sek I., besonders in der Unterstufe, bietet sich u. a. die Darstellung von Emotionen beim Vortragen eines Textes an.

In diesem Kapitel werde ich einige mögliche Unterrichtsverläufe für Einzel- bzw. Doppelstunden vorstellen. Die vorgeschlagenen Stunden können Sie natürlich auch in die langfristigen Unterrichts- und Projektvorschläge integrieren.

Ein möglicher Unterrichtsverlauf, für den man keine große Vorbereitung oder Materialien benötigt und der sich auch für eine (spontane) Vertretungsstunde eignet, wäre dieser:

Vorschlag A

Benötigtes Material: ein eher trockener, sachlicher Textausschnitt (z. B. eine Gebrauchsanweisung oder ein Definitionstext/ein Auszug aus einem Sachtext aus einem Schulbuch), Zettel, Stift, Tafel, Kreide

Unterrichtsverlauf (Einzelstunde):

1. Die SuS nach möglichen Gefühlen fragen, die es gibt. Diese an der Tafel sammeln (UG).
2. Die SuS fragen, woran man einzelne Gefühle bei Menschen/im Gespräch erkennt (UG).
3. Den SuS kurz das Prinzip Poetry Slam erläutern (Format & Regeln) und betonen, dass dort nicht nur der Text, sondern auch die Performance eine wichtige Rolle spielt. (Ggf. die SuS fragen, woher sie das kennen, dass nicht nur der Text, sondern auch der Vortrag eine Rolle spielt, und sie so auf Musik hinweisen → Musik weckt auch Emotionen durch die Art des Vortragens).
4. Den SuS den Textausschnitt geben. Die SuS den Text lesen lassen, währenddessen bereitet die Lehrerin bzw. der Lehrer die Karten vor und beschriftet sie mit den an der Tafel festgehaltenen Emotionen (unterscheidbare Emotionen wählen, damit es nicht zu schwierig für die SuS wird).
5. Die SuS sollen nun (am besten freiwillige SuS) einzeln nach vorne kommen, einen Zettel mit einer Emotion ziehen, sich vor die Klasse stellen und den Text mit der gezogenen Emotion „performen“. Dabei wird der Klasse nicht gesagt, welche Emotion dargestellt wird.

6. Die SuS versuchen, herauszufinden, welche Emotion dargestellt worden ist, und belegen dies am Verhalten/Mimik/Gestik/Tonfall etc. des darstellenden Schülers.

7. Die SuS werten die Stunde aus, die Vortragenden geben ein Feedback, wie sie sich in ihrer Rolle gefühlt haben, und die Zuhörer*innen, warum/wodurch bestimmte Emotionen in ihnen durch den Vortrag geweckt worden sind.

Die SuS verlieren in dieser Stunde ihre Scheu, vor einer Gruppe Emotionen performativ darzustellen, und festigen damit ihr Selbstbewusstsein, was das Sprechen vor einer Gruppe betrifft. Außerdem erkennen sie, dass man einen Text auf unterschiedliche Art und Weise vortragen kann und damit auch verschiedene Wirkungen bei den Zuhörer*innen erreicht werden können.

Diesen Vorschlag kann man auch für eine Doppelstunde nutzen. Sie sollten dann am Anfang der Stunde einen kurzen Lehrervortrag zum Poetry Slam einbauen (Ablauf, Regeln, U20-Formate), anschließend wäre es z. B. möglich, einen längeren Text zu nehmen oder mehr SuS vortragen zu lassen. Gegen Ende der Stunde könnte man sich, sofern die technischen Voraussetzungen gegeben sind, bei YouTube noch ein Poetry-Slam-Video ansehen, bei dem Gefühle durch die Art des Vortragens geweckt werden, und dieses (nach Leitfragen, bei jüngeren SuS: nach den W-Fragen, insbesondere: WIE vermittelt die Poetin bzw. der Poet die Emotionen?) auswerten.[19] Die SuS sollten dabei die Aspekte Mimik, Körpersprache, Gestik, Sprechgeschwindigkeit und Intonation (z. B. Lautstärke) herausarbeiten, ggf. mit Hilfestellung der Lehrerin bzw. des Lehrers.

In höheren Klassen kann man statt einer Gebrauchsanweisung anspruchsvollere/längere Texte oder direkt performative Texte wählen (Auszüge aus Theaterstücken, Gedichte oder Slamtexte) und die Beobachtungsaufträge beim Ansehen und Analysieren des Slamvideos anspruchsvoller gestalten. So könnte sich eine Gruppe mit der Körpersprache, eine mit der Mimik, eine mit dem Sprechtempo und eine mit der Intonation der Poetin bzw. des Poeten beschäftigen.

Je nach Ausstattung der Schule wäre es auch möglich, die Vortragsübungen in der Aula auf der Bühne mit einem Mikrofon durchzuführen.

Vorschlag B

Eine andere Vorübung für Poetry Slam, für die man wenig Vorbereitung benötigt und die auch gut umsetzbar für die Sek I. ist, wäre die Idee, gemeinsam an der Tafel eine Mind-Map zu einem Themengebiet zu erstellen, z. B. zu einer Jahreszeit, zu einem Fest (Frühling, Winter, Karneval, Weihnachten, Silvester,

---

19 Siehe z. B. den Text im Anhang: Ella Anschein: Mare Nostrum. Auch zu finden auf YouTube: https://www.YouTube.com/watch?v=Kz-HPdEWmgE oder z. B. Katja Hoffmann: Ich hasse das. Youtube: https://www.YouTube.com/watch?v=f4WDNIdUstg

Geburtstag, ...). Ziel ist es hierbei, die Kreativität der SuS zu wecken und deren Fähigkeit zum Assoziieren. Außerdem üben sie durch das freie Sprechen das Vortragen und verlieren ihre Scheu, vor einer Gruppe von Menschen zu sprechen.

Benötigtes Material: Tafel, Kreide

Möglicher Verlauf der Stunde:

1. Themenvorgabe passend zur Jahreszeit in die Mitte der Tafel schreiben.
2. Die SuS in Einzelarbeit eine Mind-Map zum Thema schreiben lassen (wenn die SuS in der Methode schon geübt sind. Ansonsten bietet es sich an, hiermit die Methode „Mind-Map“ zu üben).
3. Die Mind-Map gemeinsam mit den SuS an der Tafel entwerfen, dabei auch Ungewöhnliches mit einbeziehen (was, je jünger die SuS sind, umso weniger passiert. Da sollte man durch Lehrerfragen oder einen kurzen Vortrag zum Assoziieren einen Lernimpuls setzen).
4. Die SuS gegebenenfalls nach Liedern, Gedichten, Geschichten fragen, die etwas mit dem Thema zu tun haben: Tauchen dort gewissen Motive, Wörter gehäuft auf?
5. Die SuS fragen, was für eine Geschichte sie zu dem Thema interessant fänden: die Ideen dazu an der Tafel sammeln (UG).
6. Erzählkette: Die SuS nacheinander nach vorne kommen lassen (bei unbekannten Klassen können

die SuS auch sitzen bleiben) und jeder führt die Geschichte weiter, die die Klasse zum Thema erzählt.

Reflexion der Stunde: Was für Elemente der Geschichte haben euch angesprochen und warum? Welche nicht und warum nicht? Wie war das Vortragen für euch? Was benötigt ihr, um euch vor anderen sicherer zu fühlen?

Als freiwillige Aufgabe können die SuS anschließend einen Text zum Thema schreiben. Dies passt aber nicht mehr in eine Einzelstunde und bietet sich daher weniger für einen Vertretungsunterricht an als für Unterricht in einer Klasse, die man auch sonst unterrichtet. Dabei ist es für die Sek I möglich, den Text nach der Mind-Map zu schreiben. Für die Oberstufe empfiehlt es sich aber auch, die Aufgabe schwieriger zu gestalten: Es soll ein Text zum Thema geschrieben werden OHNE die Dinge, die im Kurs durch die Mind-Map herausgearbeitet worden sind. Möchte man diese Stunde/Einheit noch weiter verlängern, bietet es sich an, den SuS verschiedene Texte zum Thema zu geben (Schlager, Gedichte, Slamtexte, Kurzgeschichten, Songtexte etc.) und nach Gemeinsamkeiten bzw. Unterschieden in den thematischen Gestaltung zu suchen. [20]

---

20 Falls Sie zum Thema „Jahreszeiten“ arbeiten möchten, finden sie im Anhang den Herbsttext aus dem Jahreszeitenzyklus der Verfasserin. Den Frühlingstext finden Sie auf YouTube: https://www.YouTube.com/watch?v=WTRur6Py09I

Vorschlag C

Folgende Stunde eignet sich sowohl für die Sek I. als auch für die Sek. II: Man lässt die SuS Geschichten zu Reizwörtern erzählen.

Benötigtes Material: Zettel mit Reizwörtern (entweder der Lehrerin bzw. vom Lehrer vorbereitet oder in der Klasse/im Kurs vorab gesammelt)

Unterrichtsverlauf:

1. Je nach Klassen-/Kursgröße kann in Einzel-/ Partner- oder Gruppenarbeit gearbeitet werden. Die SuS ziehen jeweils 3 Reizwörter (bei PA: zwei SuS nutzen dieselben Reizwörter, bei GA nutzt jeweils eine Gruppe diesselben Reizwörter).
2. Die SuS sollen eine kurze Geschichte/ein Gedicht o. Ä. zu den Reizwörtern schreiben (falls man sich vorab für die Einzelarbeit entschieden hat). Im Falle von Partnerarbeit: Jede/r der SuS macht sich kurz Notizen mit eigenen Gedanken zu den Reizwörtern, anschließend Austausch der Ideen und grobe Ausarbeitung einer Geschichte/eines Gedichts mit den Reizwörtern. Falls man sich für GA entschieden hat, kann man die SuS gemeinsam eine Mind-Map zum Thema gestalten lassen oder man arbeitet mit einer Placemap.
3. Einzelne SuS/Paare/Gruppen tragen ihren Text/ihr Gedicht vor der Klasse vor (je nach Zeit muss dabei ggf. improvisiert werden, da nicht alle es

schaffen werden, einen kompletten Text zu schreiben).

4. Reflexionsrunde im Unterrichtsgespräch, dabei wird sowohl die Art des Vortragens, die Kreativität der Idee als auch die Art des Erzählens in den Blick genommen.

Vorschlag D

Möchte man die SuS eine komplette Stunde intensiv schreiben lassen, sollte die Lehrerin bzw. der Lehrer am Anfang der Stunde verschiedene Themen vorgeben. Falls eine/r der SuS sich jedoch trotzdem für ein gänzlich anderes Thema entscheidet, sollte dies jedoch auch möglich sein! Mögliche Themenvorschläge/Ideen wären z. B.:

* Schreibe einen Text, der mit folgendem Anfangssatz beginnt: „ Als ich am Wochenende in Köln am Hauptbahnhof ausstieg, ..." oder „Immer, wenn ich meinen Schlüssel verliere, …" (Sie können sich natürlich auch andere Anfangssätze ausdenken)!
* Schreibe einen Text für/über einen wichtigen Menschen in deinem Leben!
* Eine Farbe als Leitmotiv vorgeben, z. B. Rot, Grün, Schwarz ...
* Ein Ausflug als Thema (Was für eine Art Ausflug und wohin, bleibt den SuS überlassen).

Vorschlag E

Um das kreative und ungewöhnliche Denken der SuS zu fördern, kann man sie in einer Einzelstunde Argumente sammeln lassen. Folgende Stunde eignet sich ebenfalls für jede Altersstufe:

Benötigtes Material: Tafel

Unterrichtsverlauf

1. Die Lehrerin bzw. der Lehrer schreibt an die Tafel links: „Gründe, warum man vor die Tür geht" und rechts: „Gründe, warum man zuhause bleibt".
2. Die SuS sollen in Einzelarbeit Gründe notieren.
3. Die SuS tauschen sich in einer 3er- bis 4er-Gruppe aus und fügen weitere Gründe hinzu.
4. Die Gründe werden gemeinsam gesammelt (Tafel oder OHP).
5. Reflektionsphase: Kann man die Begründungen sortieren (z. B. realistische Gründe, ungewöhnliche Gründe etc.)? Welche Gründe wären für eine Geschichte interessant, worüber würdet ihr gerne mehr erfahren, was spricht euch an? Ggf. auch: Wieso?
6. Sich in der Klasse für jeweils einen Grund entscheiden, der möglichst außergewöhnlich bzw. inspirierend sein soll und dann in der Klasse im Unterrichtsgespräch dazu Geschichten erfinden. Wer möchte, kann ja dann zuhause noch eine Geschichte zu einer der Begründungen schreiben.

Vorschlag F

Empfehlenswert für eine Doppelstunde, die allerdings vorbereitet werden muss und für die man eine funktionierende (!) technische Ausstattung benötigt, wäre es auch, einen Poetry Slam zu simulieren. Die SuS müssen darüber nicht in einer vorigen Stunde informiert worden sein.

Benötigtes Material: Internetverbindung, Beamer, Laptop bzw. PC-Wagen, ggf. Wertungskarten (von 1–10)

Unterrichtsverlauf

1. Die Lehrerin bzw. der Lehrer hält einen Kurzvortrag und erklärt den SuS die Regeln eines Poetry Slams und dass die SuS nun in die Rolle der Zuschauer schlüpfen sollen (sie/er selbst ist der/die Moderator/in).
2. Die Lehrerin bzw. der Lehrer hat vorab max. 6 Slamvideos bei YouTube herausgesucht (passend zur Altersstufe) und moderiert diese nacheinander an. Nach jedem Video holt sie/er von der Klasse die Wertung ein. Die Wertung erfolgt entweder durch Wertungstafeln oder durch Handzeichen.

   Es ist auch möglich, die SuS nach ihren Lieblingsslamvideos zu fragen und diese mit in den Wettbewerb aufzunehmen.
3. Die Siegerin bzw. der Sieger wird in der Klasse gekürt.

4. Reflexionsphase: Warum hat dieser Text gewonnen, warum hat ein anderer Text am wenigsten Punkte, was haben die Poet*innen wie gemacht, Intonation, Mimik, Gestik, Textsorte, Storyline usw.?

Empfehlen möchte ich Ihnen das Reclam-Heft „Kreatives Schreiben".[21] In diesem finden sie 111 Übungen für Einzel- und Doppelstunden. Aufgeteilt ist das Heft in vier Teile: Im ersten Teil finden Sie Anleitungen für Stunden, in denen „erzählend" gearbeitet werden soll, im zweiten Teil für den dramatischen Bereich, der dritte Teil widmet sich der Lyrik und der vierte dem Journalismus. Jede Einzel-/Doppelstunde wird dabei auf max. zwei Seiten dargestellt. Aufgrund der Übersichtlichkeit und der leichten Umsetzung der Vorschläge eignet sich dieses Reclam-Heft sehr gut für die alltägliche Unterrichtspraxis.

Die Relevanz des Formates Poetry Slam erkennt man auch daran, dass sich das Thema mittlerweile in einigen Lehrwerken wiederfindet – so z. B. im Deutschbuch für die Oberstufe in NRW von Cornelsen.[22] Poetry Slam wird dort allerdings primär der Lyrik zugeordnet. Vorgeschlagen wird dort, einen Poetry-Slam-Abend als Projekt zu veranstalten, aber auch kurze Schreibanregungen sind zu finden, beispielsweise:

---

21 Leis, Mario: Kreatives Schreiben. 111 Übungen. Texte und Materialien für den Unterricht. Stuttgart: Reclam, 2006

22 Schurf, Bernd & Wagener, Andrea (Hrsg.): Texte, Themen und Strukturen. Deutschbuch für die Oberstufe. Berlin: Cornelsen, 2014 (S. 62)

* ein Parallel- oder Antwortgedicht zu einem vorgebenen Slamtext aus dem Buch schreiben
* einen Text schreiben, in dem ein Vokal gehäuft auftritt
* einen Text schreiben, in dem der Refrain die Aussagen der Strophen verneint
* einen Text mit lautmalerischen Neologismen schreiben
* einen Text schreiben, in dem ein Kurzvers beständig erweitert wird.

Außerdem wird darauf hingewiesen, dass man mit verschiedenen Arten des Vortragens unterschiedliche Wirkungen erzielen kann.

Es ist erfreulich, dass sich Poetry Slam mittlerweile in Deutschbüchern finden lässt. Allerdings wird das Thema nur sehr kurz behandelt (im vorliegenden Buch auf einer Seite) und hilft der Lehrerin bzw. dem Lehrer, die/der sich vorher noch nicht mit dem Thema beschäftigt hat, wenig dabei, die Arbeitsaufträge umzusetzen und einen Poetry-Slam-Abend zu gestalten.

Ebenfalls gibt es eine „Praxis Deutsch"-Ausgabe zum Thema Poetry Slam.[23] Dieses Heft steht der Szene näher als die Seite aus dem vorher genannten Schulbuch, da die Beiträge im Heft zumeist von Poetry Slammer*innen geschrieben worden sind.

23 Praxis Deutsch 208, 35. Jahrgang: Poetry Slam & Poetry Clip. Inszenierte Poesie der Gegenwart. Velber: Erhard Friedrich Verlag in Zusammenarbeit mit Klett, 2008

Es findet sich auch ein Beitrag von Petra Anders im Heft, die sich aus didaktischer Perspektive mit Poetry Slam auseinandersetzt. Auch das Format „Poetry Clip" wird im Heft näher erläutert und es wird angeregt, einen eigenen Poetry Clip zu drehen. Zu diesem Heft gibt es auch eine DVD mit Auftritten von Poetry Slammer*innen, Audiodateien einiger Slamtexte, eine Dokumentation von einem U20-Workshop in Berlin sowie Interviews mit SuS und Lehrer*innen, die einen Schulslam veranstalten.

3.3. POETRY SLAM ALS UNTERRICHTSEINHEIT IM DEUTSCHUNTERRICHT

Selbstverständlich ist es auch möglich, Poetry Slam als zusammenhängende Unterrichtsreihe zu unterrichten, wobei dies wahrscheinlich aufgrund der eher gut gefüllten Lehrpläne am schwersten in den Schulalltag einzubauen ist. In der Oberstufe wird dies wohl nur möglich sein, wenn die Schule sich an G9 orientiert, dann könnte man die Jgst. 11 für eine kurze Poetry-Slam-Unterrichtseinheit nutzen.

In der Unterstufe hängt es vom schulinternen Curriculum ab, ob noch Platz für kreativen Freiraum besteht – vielleicht möchte die ein oder andere Schule ja auch die Unterrichtseinheit Poetry Slam ins Curriculum aufnehmen? Dies wäre sicherlich auch denkbar!

Im Folgenden werde ich Ihnen einige Anregungen geben, wie Sie Poetry Slam als geschlossene Unterrichtseinheit integrieren können. Dabei sind natürlich Abweichungen möglich und erwünscht, wichtig ist der konkrete Bezug zu ihrer Schülergruppe und dass sie sich überlegen, was für Zielsetzungen Sie mit der Unterrichtsreihe verfolgen. In der Sek. I bietet sich sowohl der Fokus auf das kreative Schreiben an als auch ein Fokus auf das performative Vortragen und das gestaltende Lesen. In der Oberstufe ist es zusätzlich auch möglich, sich mit der Analyse von Slamtexten zu beschäftigen, z. B. im Rahmen von Gegenwartsliteratur. Auch wäre es möglich, eine epochenübergreifende Lyrikreihe zu entwerfen und Slamtexte am Ende als Gegenwartslyrik der klassischen Lyrik gegenüberzustellen. Möglich wäre es, Gemeinsamkeiten und Unterschiede zur klassischen Lyrik herauszuarbeiten.

Aufgrund der Zielsetzung dieses Buches ist es nicht möglich, verschiedene Unterrichtsreihen vollständig vorzustellen. Ich hoffe aber, mit meinen Ideen dazu beitragen zu können, dass sie ihre eigene Unterrichtsreihe, bezugnehmend auf die Kompetenzen Ihrer Lerngruppe, entwickeln können. Vorstellen möchte ich nun Ideen zur Umsetzung des Zieles „Kreatives Schreiben der SuS fördern“. Je nach Altersgruppe der SuS sollten andere Einstiege in die Reihe gewählt werden. Je älter die SuS sind, desto analytischer kann der Einstieg sein, generell sollte man während der Reihe jedoch darum bemüht sein, sich nah an der Lebenswelt und Realität der SuS zu orientieren. Dementsprechend sollten auch die Slamtexte ausgewählt werden, die man den SuS vorstellt. Eine große Auswahl an Poetry-Slam-Videos findet man auf YouTube.

Sollten Sie Ihren Schwerpunkt eher auf das performative Vortragen legen wollen, gibt es seit 2019 ein hervorragendes Arbeitsbuch zum Thema mit einer breiten und aktuellen Slamtextsammlung sowie Hinweisen, wie man mit dem jeweiligen Text performativ umgehen könnte.[24]

Zur Bewertung sei gesagt, dass es schwierig und nicht zu empfehlen ist, die Slamtexte der SuS mit Noten zu bewerten. Dies könnte die SuS in ihrer Ausdrucksstärke und Kreativität einschränken und sie könnten versuchen, es der Lehrerin bzw. dem Lehrer recht machen zu wollen und nicht sich selbst. Zudem gibt es bei einem regulären Poetry Slam ja auch keine Fachjury, sondern eine Publikumsjury, die keinerlei fachliche Qualifikation nachweisen muss.

Beim Poetry Slam geht es aber auch darum, selbst mit seinem Werk zufrieden zu sein – schließlich stellt man es immer wieder auf Bühnen zur Diskussion und zur Bewertung durch das Publikum aus. Die SuS lernen also, selbstbewusst mit ihren Ansprüchen an den eigenen Text umzugehen und diese auch ggf. vor anderen mit gegenteiligen Meinungen

---

24 Sperling, Theresa (Hrsg.): Slam Poetry – Monologe und Dialoge, Deutscher Theaterverlag, 2019

zu vertreten. Vor allem können sie für sich selbst ein Konzept entwickeln, was einen guten Text für sie ausmacht. Dies kann durchaus bei einigen SuS anders sein als bei anderen und nicht alle Vorlieben entsprechen dabei den Vorlieben der Lehrerin bzw. des Lehrers. Trotzdem ist eine Leistungsüberprüfung am Ende einer Unterrichtsreihe möglich, sie sollte jedoch nicht den kreativen Anteil der SuS bewerten. Je nach Altersstufe und Schwerpunkt der Reihe wäre es sinnvoll, einen Test schreiben zu lassen. Dort könnten z. B. die Regeln des Poetry Slams abgefragt werden oder etwas zur Entstehungsgeschichte. Sollte man verschiedene Textsorten/Vortragsarten thematisiert haben, wäre darüber auch eine Abfrage möglich. In höheren Klassen wäre eine Analyse eines Slamtextes denkbar, dies eignet sich auch gut als Klausuraufgabe. Ebenfalls wäre es machbar, die SuS während der Unterrichtsreihe eine Reflexions-/Analysemappe zu ihrem Schreibprozess schreiben zu lassen, diese anschließend einzusammeln und im Hinblick auf Vollständigkeit und sprachliche Korrektheit zu bewerten.

Es folgen nun konkretere Vorschläge für die Umsetzung als Unterrichtsreihe, hierbei können auch Stundenvorschläge aus dem Kapitel „Einzel-/Doppelstunden“ in die Reihe eingebaut werden. Da nicht alle Aspekte des Poetry Slams in einer Unterrichtsreihe bearbeitet werden können, sollten Sie einen individuellen Schwerpunkt wählen, den Sie nach der oder den Einstiegsstunden in der Erarbeitungsphase vertiefen. Zur Sicherung empfiehlt es sich, dass die SuS eine Textmappe gestalten. Darin enthalten sind ihre geschriebenen Texte, die Poetry-Slam-Regeln und ihre Lieblingsslamtexte (Name der jeweiligen Poetry Slammer*innen, Name des Textes, ggf. YouTubelink). Zusätzlich sollten die SuS eine Analyse schreiben, angepasst an die jeweilige Altersstufe, z. B.: Warum ich diesen Text als meinen Lieblingstext ausgewählt habe, sprachlich-inhaltliche Analyse eines eigenen Textes (dies ist eine sehr schöne Aufgabe für die Oberstufe), Analyse des eigenen Schreibprozesses oder über Schreibblockaden oder darüber, warum sie einen bestimmten Text nicht mögen (sachliche Kritik). Besonders gute Texte der SuS können vielleicht in der Schulzeitung abgedruckt werden, man könnte eine Textwand gestalten oder mit der Klasse am Ende der Reihe einen Slam veranstalten, ob nur innerhalb der Klasse oder als „Battle“ gegen andere Klassen derselben Stufe ...

Möglichkeiten gibt es viele und es hängt vom Engagement der Lehrerin bzw. des Lehrers und der SuS ab, was man alles gemeinsam auf die Beine stellen kann, um als Gruppe kreative Prozesse zu erleben und daran zu wachsen.

Vorschlag A: Unterrichtsreihe für die Unterstufe

Die Unterrichtsreihe sollte sehr an der Lebenswelt und den Themen der SuS orientiert sein. Der Vorteil bei jüngeren SuS ist, dass sie noch keine lange Schullaufbahn hinter sich haben und dementsprechend an Texte nicht analytisch, sondern intuitiv herangehen. SuS in diesem Alter haben oft starke Meinungen, ob sie einen Text gut oder schlecht finden, haben aber oft noch wenig Werkzeuge, um ihre Meinung zu begründen. Deshalb lässt sich im Verlauf der Unterrichtsreihe ggf. auch das Argumentieren üben.

Einstieg:

1. Stunde: Als Einstieg bietet sich das Thema „Tagebucheinträge" an. Statistisch gesehen schreiben jüngere Kinder noch häufiger Tagebuch als Teenager in der Pubertät. Man könnte also zunächst eine (anonyme) Umfrage gestalten, wie viele SuS Tagebuch schreiben und wie viele früher einmal Tagebuch geschrieben haben. Dazu können Argumente gesammelt werden, die für oder gegen das Tagebuchschreiben sprechen. Anschließend sollte in der Gruppe überlegt werden, über welche Themen man in einem Tagebucheintrag schreiben und in welchem Stil man diesen verfassen kann. Diesen Arbeitsschritt kann man verlängern, indem man die SuS vorher in Gruppen arbeiten lässt und das Ergebnis im Plenum zusammenträgt oder aber indem man die SuS in Einzel-, maximal Partnerarbeit eine

Mindmap zum Thema „Tagebucheinträge“ konzipieren lässt.

Zum Abschluss des Einstieges sollte gemeinsam mit der Klasse eine Mind-Map an der Tafel konstruiert werden, die die SuS in ihr Heft übertragen sollen. Gleichzeitig sollte man den SuS die Methode Mind-Map vermitteln, falls sie diese noch nicht kennen, und darauf hinweisen, dass man Mind-Maps auch gut zur Ideenfindung beim Texteschreiben benutzen kann.

2. Stunde: Für eine nächste Stunde sollten die SuS Tagebucheinträge mitbringen. Dies können sowohl eigene (natürlich sollte kein Rückschluss auf Identitäten möglich sein) als auch die von den Eltern, im Internet gefundene, fiktive, literarische oder andere Arten von Tagebucheinträgen sein. Die Tagebucheinträge werden vorgestellt und es wird überlegt, welche man interessant findet und warum. Zu verweisen wäre auch auf die in diesem Alter beliebte „Gregs Tagebuch“-Reihe, die sich sehr gut verkauft – warum ist die Reihe so beliebt? Die SuS sollen also interessante Themen und Stilistiken herausarbeiten.

Wahrscheinlich stellen die SuS fest, dass auch fiktive bzw. übertriebene Geschichten interessant und witzig sein können – und dass es oft interessanter ist, sich auf wenige Aspekte und Figuren zu konzentrieren und eine interessante Handlung passieren sollte. An dieser Stelle könnte man ggf. auch den Spannungsaufbau von Geschichten mit den SuS thematisieren und diesen an der Tafel fixieren. Noch weiter gefasst könnte man dieselbe Frage an andere Textsorten/Formate stellen: Warum mag ich ein Buch, warum nicht? Warum gefällt mir diese Fernsehserie? Was für Elemente muss eine Geschichte, in welcher Form auch immer, haben, um mich zu interessieren? Durch die Bezüge zu ihrer Alltagswelt und Lebensrealität findet man einen guten Zugang zu SuS aller Bildungsstufen und sozialen Hintergründe. Da heutzutage selbst Computerspiele häufig eine erzählerische Struktur haben, könnte man die SuS auch fragen, warum sie bestimmte Spiele faszinieren.

Anschließend erläutert man den SuS das Konzept Poetry Slam und betont insbesondere, dass beim Schreiben von Slamtexten alles möglich sei. Die SuS sollen anschließend einen Slamtext zum Thema „Tagebucheintrag" verfassen. Aufgrund der Heterogenität der Lerngruppen ist es für einige SuS hilfreich, vorher eine Mind-Map zu gestalten und/oder einen Spannungsbogen zum Text zu erstellen, einige schreiben hingegen am liebsten direkt drauflos. Wieder andere benötigen Hilfestellungen, hier sollte man mit dem SuS in einen konstruktiven Dialog gehen, um herauszubekommen, was sie oder ihn derzeit beschäftigt und ggf. gemeinsam überlegen, wie man daraus eine Geschichte gestalten könnte. Die SuS sollten an der Stelle nochmal darauf hingewiesen werden, dass die Geschichten nicht der Realität entsprechen müssen. Weitere wichtige Hinweise sind, dass nicht zu viele Figuren auftreten sollten und meist in der Ich-Perspektive geschrieben wird. Aufgrund des Alters der SuS kann die Textlänge auf 3 Minuten Vortragszeit gekürzt werden. Wenn einige SuS trotzdem längere Texte (5–6 Minuten) schreiben möchten, sollte man diese dazu ermutigen. Auch ist es möglich, einzelne SuS, die direkt mit dem Schreiben anfangen wollen, von den anderen in eine „Ruhezone" zu separieren oder den SuS Kopfhörer aufzusetzen, damit sie weniger von der Umgebung gestört werden. Bis alle in den Schreibprozess hineinfinden, dauert es mitunter etwas und man sollte den SuS dann auch genügend Hilfestellung geben, damit niemand frustriert ist.

Denn Poetry Slam ist auch eine gute Ausdrucksmöglichkeit für leistungsschwächere SuS, weil es weniger auf die Rechtschreibung und Einhaltung einer bestimmten Textform ankommt, sondern auf Kreativität und erzählerisches Talent. Da leistungsschwache SuS aber oft negative Erfahrungen im schulischen Umfeld gesammelt haben und gelernt haben, dass sie den Anforderungen der Schule nicht immer entsprechen können, sollte man sich um diese SuS besonders intensiv kümmern und sie ermuntern, dass auch sie etwas zu erzählen haben.

Nach dem Schreibprozess, der auch zuhause weitergeführt werden kann, kann man, falls man über genügend Stunden verfügt, verschiedene Vortragsarten thematisieren und ggf. die im vorderen Teil des Buches skizzierte Stunde zum Gefühle-Ausdrücken[25] einbauen. Sollte man dafür keine Zeit haben, kann man auch direkt dazu übergehen, freiwillige SuS zu bitten, ihre Texte vorzutragen. Als erste/n der SuS sollte man jemanden auswählen, die/der selbstsicher ist und keine Angst vor Bewertungen hat, denn nach dem ersten Text geht es an die Reflexion des Vortragens und des Inhaltes: Was kam gut bei den Zuhörern an und warum und was nicht? Hier sollten dann Aspekte wie Sprechgeschwindigkeit, Betonung, Lautstärke etc. fallen. Inhaltlich sollte der Text reflektiert und der/dem SuS Verbesserungsvorschläge gemacht werden, vielleicht hat die/der SuS ja selbst auch Fragen an das Plenum. Auch sollte den SuS an dieser Stelle erläutert werden, dass kaum ein Text nach dem ersten Schreiben „fertig“ ist, sondern dass das Überarbeiten zum Schreibprozess dazugehört. Durch diese Erläuterung wird den SuS die Scheu genommen, sofort „richtig gut“ sein zu müssen.

Der weitere Verlauf der Reihe hängt von der Anzahl der verfügbaren Stunden ab. Die erste Fassung des Tagebuchtextes sollte nach dem Anhören und Reflektieren verschiedener Texte überarbeitet werden. Anschließend kann man diese Überarbeitung wieder anhören, reflektieren etc. oder man gibt den SuS ein neues Thema vor, z. B. „Freundschaft“. Die SuS können wieder eine Mind-Map erstellen und sollen einen Text zum Thema schreiben, hier würde sich z. B. auch die Briefform anbieten oder

25 Siehe Seite 13, Vorschlag A

ein Gedicht. Eine weitere Idee für ein Thema, das SuS in der Unterstufe interessiert, ist die Zukunft. Sie können sich entweder mit ihrem Zukunfts-Ich beschäftigen oder sich vorstellen, wie die Welt in der Zukunft aussieht. Dies kann dann durchaus utopisch oder dystopisch sein. Für mich persönlich ist es immer auch in Ordnung, wenn ein SuS ein Thema wählt, welches nicht vorgegeben ist, da ich der Kreativität der SuS zumindest in diesem Bereich Vorrang vor meinen Ansprüchen geben möchte, was ansonsten in der Schule ja kaum möglich ist. Die Texte werden dadurch auch diverser. Gerade die lern- und aufnahmestarken SuS freuen sich darüber, sich eigenständig für ein Thema entscheiden zu können.

Abschließend bietet sich als Leistungskontrolle die Textsammlung der SuS an zuzüglich eines kurzen Testes, der auch schon im Verlauf der Reihe gestellt werden kann, über die Regeln eines Poetry Slams. Schön ist es natürlich auch, wenn sie mit ihrer Klasse einen U20-Poetry-Slam in ihrer Nähe besuchen und sich darüber anschließend im Klassenverband austauschen. Dies bietet sich besonders am Anfang der Reihe an, weil man anhand der Slamveranstaltung die Fragen „Welcher Text gefiel dir am besten/schlechtesten und warum/warum nicht“ mit den SuS besprechen kann und sich daraus eine Diskussion über Kriterien von guten und schlechten Slamtexten/auftritten entwickeln wird.

Vorschlag B: Unterrichtsreihe für die Mittelstufe

In der Mittelstufe sollte man den Einstieg offener gestalten und die SuS nach Schreibanlässen fragen. Diese sollen an der Tafel gesammelt werden, auch Tätigkeiten wie „Einkaufszettel schreiben“ sollen einen Platz bekommen. Die SuS sollen auf möglichst viele Ideen kommen: Politische Reden, Gedichte, Spickzettel, Tagebucheinträge, Raptexte, Lieder. Zur Verdeutlichung, dass man aus jeder Textsorte Literatur machen kann, kann man den SuS die Kassenbonlyrik vorstellen.[26] Kassenbonlyrik ist Lyrik, die aus einer bestimmt gewählten Reihenfolge der Codes der gescannten Artikel im Supermarkt auf dem Kassenbon lesbar wird. Im Idealfall wird von den SuS auch Poetry Slam genannt, falls nicht, sollte man dies noch dazuschreiben. Anschließend wird mit den SuS darüber diskutiert, was für Gemeinsamkeiten und Unterschiede, z. B. in den Zielen, die verschiedenen Textsorten haben. Ebenfalls soll herausgearbeitet werden, wie das Erreichen der Ziele mit der Verwendung einer bestimmten Sprache bzw. Sprechform unterstützt wird. Ggf. kann man die SuS diese Fragen auch vor der Diskussion in Partner- oder Gruppenarbeit erarbeiten lassen und dann im Unterrichtsgespräch zusammentragen und an der Tafel fixieren. Je nach Lerngruppe kann es sich auch, ebenso wie in der Unterstufe, anbieten,

---

26 Vgl. z. B.: http://www.litlog.de/misc/lyrik-auf-rechnung/ (letzter Zugriff am 20.01.20)

die SuS (anonym) nach ihren Schreiberfahrungen zu fragen. Es ist oft überraschend, dass einige SuS privat schreiben, ohne dies je der Lehrerin bzw. dem Lehrer gegenüber thematisiert zu haben.

Nachdem die Klasse die verschiedenen Textsorten erörtert hat, soll als Letztes Poetry Slam besprochen werden. Die SuS bekommen die Regeln erläutert und sie werden gefragt, was für Texte sie dort erwarten würden. Diese Voreinschätzung sollte die Lehrerin bzw. der Lehrer für sich notieren. Sie/Er teilt nun den SuS mit, dass diese einen Slamtext verfassen sollen, und zwar in der Form eines Aufzähltextes. Ein Aufzähltext hat eine simple Struktur und ist deshalb für heterogene Gruppen gut geeignet. Wie auch bei der letzten Unterrichtsreihe gilt (zumindest für mich): Sollte ein/e SuS den inneren Drang verspüren, einen ganz anders gearteten Slamtext schreiben zu wollen: Lassen Sie ihn/sie.

Während des ersten Schrittes fertigen die SuS eine Tabelle an. Auf der einen Seite notieren sie Dinge, die sie mögen, und auf der anderen Seite Dinge, die sie nicht mögen. Dabei sollen sie ruhig auch an ausgefallenere Dinge denken, die nicht bei jedem so sind. Es gibt dabei keine Begrenzung, wie viel die SuS aufschreiben dürfen – am besten geben Sie ihnen eine Zeitbegrenzung, ca. 10 Minuten, und lassen sie ohne Pause und in Stillarbeit schreiben – die einzige Person, die während der 10 Minuten reden darf, ist die Lehrperson. Wenn ihnen nichts einfällt, sollen sie „dass mir nichts einfällt“ in die Spalte „was ich nicht mag" eintragen und zwar so lange, bis ihnen etwas anderes einfällt. Sie können als Lehrer*in auch immer wieder Einwürfe während der 10 Minuten machen, z. B. „denkt an Essen, was ihr mögt und was nicht/an Verhaltensweisen eurer Mitmenschen/an Serien/Computerspiele/Beschäftigungen in der Freizeit/Menschen/Tiere/Gegenstände ...". Anschließend kann man auf Raptexte verweisen: Ein stilistische Mittel von Raptexten sind die sogenannten Punchlines, kurze Sätze mit Vergleichen, je origineller, desto besser. Da sich viele SuS privat mit Rapmusik beschäftigen, fallen ihnen dazu sicher Beispiele ein. Auffällig ist, dass viele dieser Punliches Vergleiche sind.

Angeregt von diesem gedanklichen Exkurs in die den SuS vertrauten Textwelten sollen sie überlegen, zu welchen Dingen, die sie tabellarisch notiert haben, ihnen kreative Vergleiche einfallen. Diese sollen die SuS ebenfalls notieren. Sollte dies ein/e SuS hinreichend kreativ anregen, kann daraus ein Text gestaltet werden.

Dass dies auch schon sehr jungen Kindern gelingen kann, zeigt die damals achtjährige Hannah Lucia mit ihrem Text „Die Gedanken der Kinder".[27] Alternativ können sich die SuS auch auf eine Tabellenseite konzentrieren und einen sehr negativen oder sehr positiven Text schreiben. Oder sie greifen sich ein oder zwei Dinge heraus und schreiben einen Text über eine Vorliebe oder eine Abneigung oder erzählen eine Geschichte dazu. Anschließend

27 https://www.YouTube.com/watch?v=XYd8kZzeDF0&t=1s

können die SuS auf freiwilliger Basis ihre Texte vortragen und reflektieren, analog zur Unterrichtsreihe für die Unterstufe. Dann wäre es sinnvoll, den SuS einen entsprechenden Vortrag zum Thema zu zeigen und diesen zu analysieren. Hier bietet sich u. a. Katja Hoffmann mit ihrem Text „Ich hasse das“ an.[28] Sie transportiert das Gefühl des Hasses nicht nur durch ihren Text, sondern auch durch die Art ihres Vortrages. Dabei nutzt sie sowohl mimische, gestische als auch intentionale Mittel wie z. B. die Sprechgeschwindigkeit. All dies kann man nach Betrachten des Videos mit den SuS analysieren. Anschließend sollen sie das Gelernte auf ihre Texte anwenden und diese reflektieren und ggf. umschreiben und erweitern. Bei entsprechendem Raumangebot können einzelne SuS ihren Vortrag gemeinsam üben, bevor sie ihre Texte zum Abschluss der Reihe vor der Klasse, Stufe o. Ä. in Form eines Poetry Slams vorstellen.

Vorschlag C: Unterrichtsreihe für die Oberstufe

In der Oberstufe kann man den Zugang zum Thema direkt wählen, da viele SuS in diesem Alter Poetry Slam aus dem Internet kennen bzw. selbst schon einen besucht haben. Deshalb wäre eine geeignete Einstiegsfrage, wer Poetry Slam kennt und wer schon mal auf einem war. Anschließend fragt man nach den Regeln eines Poetry Slams und lässt die SuS berichten. Sollten die SuS keine Kenntnis haben,

28 https://www.YouTube.com/watch?v=f4WDNIdUstg

erläutert die Lehrerin bzw. der Lehrer das Format.

Man teilt den SuS mit, dass man am Ende einen kleinen Kurs- bzw. Stufenslam veranstalten möchte und untersucht mit den SuS als Erstes die thematische Vielfalt von Poetry Slam. Welche Themen kommen in Slamtexten vor bzw. was können sie sich als Thema vorstellen? Dies wird an der Tafel gesammelt. Welche Wirkungen kann man mit Slamtexten beim Publikum erzielen und wie macht man das? Sollten die SuS aus dem Lyrikunterricht eine Übersicht mit verschiedenen stilistischen Mitteln besitzen, sollen sie das für die Unterrichtseinheit mitbringen und ggf. beim Schreiben benutzen. So wäre es ja auch denkbar, den Schwerpunkt nicht auf das Thema eines Textes, sondern auf ein spezielles stilistisches Mittel zu legen oder auf eine bestimmte Ausdrucksform, ein Beispiel dafür wäre August Klar, der in seinem Text fast mehr Beatboxanteile statt Sprechanteile hat.[29] Durch diese Vorabbeschäftigung mit dem Thema haben die SuS hoffentlich schon in sich selbst ein Thema gefunden, über das sie gerne schreiben würden. Falls nicht, gibt die Lehrerin bzw. der Lehrer verschiedene Themen- oder Satzanfänge vor oder man sammelt Themen gemeinsam in der Gruppe.

Anschließend schreiben die SuS ihren Text, es wird vorgetragen, reflektiert und überarbeitet, ähnlich wie in den anderen beiden vorgestellten Unterrichtsreihen. Als Abschluss der Reihe wird ein Po-

29 https://www.YouTube.com/watch?v=VkcaHv0K1yk&t=2s

etry Slam veranstaltet. Alternativ kann man sich statt auf den Schreibprozess auf den Analyseprozess der Texte beziehen und Poetry-Slam-Texte anhand bestimmter Kriterien analysieren oder sie mit Kurzgeschichten und/oder Lyrik vergleichen. Aktuelle Poetry-Slam-Texte in gedruckter Form finden Sie u. a. in dem Buch „Slam Poetry“ von Theresa Sperling.[30] Sollten Sie den Analyseschwerpunkt bzw. den Vergleichsschwerpunkt mit anderen literarischen Formen wählen, bietet sich eine Klausur zur Leistungsüberprüfung ebenfalls an.

30 Sperling, Theresa (Hrsg.): Slam Poetry - 50 Monologe und Dialoge, Deutscher Theaterverlag, 2019

3.4. Thementag

Hat man einen Tag, also ca. 6 Unterrichtsstunden, zur Verfügung, kann man den Tag ähnlich zu einem Workshop aufbauen. Je nach Schwerpunkt (Sprechen oder Schreiben, Altersstufe) kann sich an den bislang ausgeführten Ideen bedient werden und diese können individuell zusammengestellt werden. Ein mögliches Beispiel für einen Thementag „Poetry Slam" wäre dieser:

Zum Einstieg lässt man die SuS Gefühle aufschreiben und wählt einen langweiligen Sachtext aus einem Schulbuch oder einer Gebrauchsanweisung aus, anschließend ziehen alle SuS jeweils einen Zettel mit einem Gefühl, die/der SuS soll den Text in der jeweiligen Stimmung vortragen, die anderen SuS sollen das dargestellte Gefühl erraten. Diese Einheit wurde im Kapitel Einzel-/Doppelstunden ausführlicher dargestellt. Nach der Reflexion kann man bei SuS in höheren Jahrgangsstufen ein Slamvideo zeigen, bei dem ein bestimmtes Gefühl zum Ausdruck gebracht wird, und anschließend analysieren, wie die Person dies umgesetzt hat, um die entsprechende Wirkung beim Zuschauer zu erzielen.[31]

Bei jüngeren SuS sollte man dies nicht vor dem eigenen ersten Schreibprozess tun, da diese dazu

31 Z. B.: Ella Anschein: Mare Nostrum. Den Text finden sie im Anhang. Auf YouTube unter: https://www.YouTube.com/watch?v=Kz-HPdEWmgE oder Katja Hofmann: Ich hasse das. YouTube: https://www.YouTube.com/watch?v=f4WDNIdUstg&t=1s

neigen, ganze Textabschnitte oder Begriffe oder den Erzählstrang des Gehörten zu kopieren und so schwerer ihre eigene Stimme finden. Anschließend werden die Poetry-Slam-Regeln erläutert und es wird in Erfahrung gebracht, wer dieses Format kennt. Den SuS soll näher gebracht werden, dass dieser Thementag nur Inspiration und ein wenig Handwerkszeug vermitteln kann, das Schreiben kann auch nach dem Thementag weitergeführt werden. Allerdings wäre es wünschenswert, wenn man den SuS dabei helfen könnte, Auftrittsmöglichkeiten wahrzunehmen (z. B. indem man sie auf bestimmte Internetseiten oder regionale Slams verweist). Es wird im Unterrichtsgespräch erarbeitet und fixiert, über welche Themen man wie schreiben könnte. Anschließend spielt man mit den SuS das Biographiespiel, welches sowohl schriftlich als auch mündlich gespielt werden kann. Die Aufgabenstellung ist, dass jeder etwas über das Leben seines Sitznachbarn erzählen soll, aber nichts davon, was erzählt wird, darf der Realität entsprechen. Die SuS sollen so an das freie Assoziieren herangeführt werden.

Anschließend, je nach örtlichen Gegebenheiten sollte man mit den SuS einen Unterrichtsgang machen, bestenfalls auf den Schulhof. Alternativ kann man auch durch die Schule gehen, einen markanten Platz in der Schule aufsuchen, zur Not kann man diese Übung auch im Klassenzimmer durchführen. Die SuS sollen im folgenden Schritt erkennen, dass es überall Themen zu finden gibt und dass man über das, was man alltäglich vor Augen hat, selten nachdenkt. Sollte man mit den SuS über den Schulhof oder durch die Schule gehen, erzählt man ihnen, dass überall Geschichten und Themen versteckt sind, man muss nur die Augen und den Geist öffnen und die Welt anders betrachten. So können bestimmte Orte und Plätze Erinnerungen hervorrufen, vielleicht hat man hier etwas mit der besten Freundin besprochen, an diesem Ort hatte man einen Streit, auf diesem Stuhl ist man einmal eingeschlafen – oder ein Ort verursacht Angst, ein anderer Freude. Man kann mit den SuS an einzelnen Orten stehenbleiben und sie frei eine Geschichte erfinden lassen, indem man Fragen stellt – z. B. warum die Lampe flackert oder warum das Schließfach eine Delle hat. Hier sollen die SuS spontan, gern auch als Gruppe, mündlich eine kurze Geschichte zur Frage erzählen.

Wichtig!

Lassen Sie die SuS auch selbst Fragen an ihre Umgebung stellen!

Im Klassenzimmer könnte man z. B. fragen, warum es keine oder so viel Kreide gibt, warum das Kehrblech grün ist und nicht gelb und warum ein fast verzehrter Apfel auf der Lampe liegt, die ist doch viel zu hoch – sicher fallen den SuS, wenn sie ihre Umgebung aufmerksam betrachten, noch mehr Fragen ein.

Nach dieser mündlichen Assoziations-Bewegungseinheit kehren Sie mit Ihren SuS in den Klassenraum zurück und schieben die Tische an die Seite, sodass ausreichend Platz vorhanden ist, damit Sie und die SuS sich im Raum bewegen können. Alle klopfen dabei auf ihre Brust. In einem nächsten Schritt klopfen sie sich immer noch auf die Brust, zusätzlich geben sie dabei Geräusche von sich, die auch gerne laut sein dürfen! Es geht bei dieser Übung darum, lockerer zu werden und aus dem schulischen Alltagskontext herauszutreten. In einem nächsten Schritt sollen alle so tun, als ob sie Kaugummi kauen würden. Als Letztes sollen während des Laufens Grimassen geschnitten werden.

Die Übung wird anschließend abrupt unterbrochen, die SuS sollen sich im Kreis aufstellen und sie spielen mit den SuS das Anti-Assoziationsspiel. Eine/r fängt an und sagt ein Wort, der/die neben ihm/ihr antwortet sofort mit einem Begriff, der nichts mit dem ersten zu tun haben darf. Wer einen Fehler macht, geht in die Hocke. Wichtig ist, dass das Spiel schnell gespielt wird, Nachdenken und Wiederholen sind nicht erlaubt. Je nach Zeitbudget können Sie die SuS anschließend eine Geschichte erzählen lassen. Die SuS bleiben im Kreis stehen, die/der Erste erzählt einen Satz, der mit A beginnen muss, die/der Zweite fügt einen Satz hinzu, der mit B beginnen muss usw.

All diese kurzen Übungen dienen dazu, die Kreativität der SuS anzuregen. Denn anschließend sollen sich die SuS zügig an ihre Tische setzen, nicht miteinander reden und einfach anfangen, zu schreiben. Das Einzige, das man den SuS mitgeben sollte, ist, dass sie schreiben können, dass ihnen nichts einfällt, wenn ihnen nichts einfällt.

Meiner Erfahrung nach wird das nach den Vorübungen aber nicht passieren. Es geht also um einen schnellen Übergang der Übungsphasen in die Schreibphase. Ein Lehrervortrag vor der Schreibphase wäre kontraproduktiv, weil dies die SuS wieder zu sehr in die schulisch-analytische Realität holt und sie in ihrem kreativen Modus bleiben sollen. Sie sollten den SuS lediglich eine Zeitvorgabe geben und erläutern, dass in dieser Zeit niemand aufhören darf, zu schreiben, egal, was geschrieben wird. Hier bietet sich, je nach Kurs und Alter, eine Zeit zwischen 5 und 15 Minuten an.

Wichtig!

Sollten Sie das Gefühl haben, dass die SuS im Schreibfluss sind und auch länger schreiben würden: Thematisieren Sie es nicht, lassen Sie sie einfach länger schreiben und unterbrechen Sie den Schreibfluss nicht. Für einige wird es das erste Mal sein, dass sie eine derartige Schreiberfahrung haben, die nicht mit dem Druck einer Klassenarbeit oder Klausur im Zusammenhang steht.

Anschließend reflektieren Sie mit Ihrer Gruppe den Schreibprozess, besprechen Fragen und Probleme. Wie leicht oder schwer war es für die Einzelnen, ein

Thema zu finden? Was hat ihnen heute während des Tages geholfen, ein Thema zu finden? Anschließend stellt man den SuS die Methode des „Wörterziehens" vor. Entweder der Lehrer selbst oder die Gruppe beschriftet Zettel mit Worten/Themen, die dann in einem Text auftauchen bzw. thematisch behandelt werden sollen. Dabei kann man durchaus auch Unterrichtsinhalte, bestimmte Personen der Zeitgeschichte und Absurdes auf die Zettel schreiben. Wer noch kein Thema für sich gefunden hat, kann eventuell mit dieser Methode zu einem Thema finden.

Anschließend soll es eine längere Schreibphase geben. Die SuS können entweder an ihrem ersten Textversuch weiterarbeiten, ein neues Thema anhand der Zettel wählen oder einen ganz anderen Text schreiben. Unschlüssige SuS können Sie allein oder in der Gruppe gemeinsam bei der Themensuche unterstützen. Wichtig ist, dass alle eine Idee haben, bevor sie in die Schreibphase eintreten. Nun folgt die Schreibphase, diese kann ebenfalls je nach SuS-Gruppe und zeitlichem Rahmen angepasst werden. Mindestens 30 Minuten sollten es jedoch sein. Anschließend können die SuS allein, mit einem Partner oder in einer Kleingruppe ihre Texte überarbeiten. Zu guter Letzt stellen einige Freiwillige ihre Texte vor der Klasse vor, bestenfalls vor einer anderen, unbekannten Gruppe. Diese würde dann als Publikum fungieren und den oder die Sieger/in des Tages küren.

3.5. PROJEKTWOCHE

Hat man eine ganze Schulwoche für das Thema Poetry Slam zur Verfügung, sollte man es sich als Ziel setzen, zum Abschluss der Woche einen Poetry Slam zu veranstalten. Je nachdem, wie groß die Gruppe ist, können natürlich nicht alle auftreten. Allerdings gibt es rund um die Planung einer Veranstaltung auch viel zu tun, so könnte man z. B. ab der Mitte der Woche kleine Gruppen bilden, die sich gezielt um das Marketing, den Aufbau, die Technik, die Bewirtung der Gäste etc. kümmern. Keinesfalls sollte man jedoch die Projektwoche damit beginnen, den SuS zu sagen, dass es später diese Gruppen geben wird – einige entscheiden dann nämlich zu früh für sich selbst, dass sie nicht schreiben können/nicht auftreten werden/eh nicht so gut sind wie die anderen etc., und verlieren dadurch ihre Motivation, sich an den Schreibprozessen zu beteiligen. Deshalb sollten die ersten zwei oder drei Tage in der Großgruppe stattfinden. Je nach Gruppe können wieder individuelle Schwerpunkte gewählt werden, diese können Sie aus den vorigen Vorschlägen auswählen und zusammenstellen, je nachdem, was sie als Gruppe selbstständig organisieren müssen und welche Gegebenheiten an Ihrer Schule vorhanden sind – so haben einige SuS z. B. Technik-AGs, die sich um Veranstaltungstechnik kümmern, diesen Aspekt müssten Sie dann z. B. nicht durch ihre Poetry-Slam-Gruppe bearbeiten lassen. In den ersten Tagen sollten jeweils längere Schreibphasen eingebaut werden. Ein möglicher, grober Verlauf einer Projektwoche wäre z. B. dieser:

Am ersten Tag beschäftigt man sich mit der Frage, was Poetry Slam ist, und mit der Themenfindung. Hier können Sie Elemente aus dem vorigen Kapitel „Thementag“ nutzen und erste kleine Schreib- und Sprachübungen anregen. Die SuS sollen am Anfang der Projektwoche darauf hingewiesen werden, dass jeder einen Text schreiben wird und dass sie sich im Verlauf des ersten Tages für ein Thema inspirieren lassen sollen. Am zweiten Tag steht der Schreibprozess im Fokus. Die SuS sollten ein Thema und eine Schreibidee gefunden haben (falls nicht, unterstützen Sie die SuS mit den Ideen dieses Buches dabei). Ideal wäre es, wenn die SuS die Möglichkeit hätten, sich räumlich zurückzuziehen. Oberstufenschüler lasse ich auch gern ihren Lieblingsplatz in der Schule aufsuchen. Einige setzen sich vor die Tür, auf die Fensterbank, auf den Boden statt auf einen Stuhl ...

Wichtig!

Geben sie den SuS die Möglichkeit, so zu schreiben, dass diese sich dabei wohlfühlen, sofern es aufgrund der örtlichen Gegebenheiten möglich ist und Sie den SuS ein entsprechendes Vertrauen entgegenbringen können. Sie sollten eine konkrete Uhrzeit vereinbaren, wann sich alle Teilnehmer der Projektwoche wiedertreffen.

Wichtig!

Wichtig ist, dass die SuS die vereinbarte maximale Textlänge (Unterstufe: mind. 3 Minuten, Oberstufe: 5–6 Minuten) einhalten. Deshalb sollte die zeitliche Dauer der Schreibphase auch nicht zu kurz sein, mindestens eine Stunde (Unterstufe) sollten die SuS dafür Zeit bekommen. Sie sollten währenddessen für Ihre SuS präsent sein, sie aber nicht in ihrem Schreibprozess stören, wenn sie konzentriert arbeiten.

Anschließend wird der Schreibprozess im Plenum diskutiert: Was lief gut, was hat nicht gut funktioniert, wie hat man Probleme gelöst, wer hat noch allgemeine oder konkrete Fragen? Danach fragt man die SuS, wer sofort weiterschreiben kann und möchte und wer noch Fragen bezüglich seines Textes hat. Die SuS teilt man entsprechend auf, die mit den Fragen bleiben im Klassenraum, die anderen ziehen sich zum Schreiben zurück. Mit der Gruppe im Klassenraum klärt man die offenen Fragen, je nachdem, wie viele es sind, im Gespräch mit der ganzen Gruppe oder als Partnerarbeit, wobei die Lehrerin bzw. der Lehrer unterstützend zur Seite stehen sollte. Ziel ist es, dass am Ende des zweiten Tages jeder einen Text in der entsprechenden Länge geschrieben hat. Es wäre gut, wenn eine/r oder zwei

SuS am Ende des Tages ihren Text vortragen würden und man diesen zur Reflexion stellt. Im Idealfall übertragen sie die von der Gruppe geäußerten Gedanken auf ihren eigenen Text und überarbeiten diesen später zuhause noch. Die SuS sollten darauf hingewiesen werden, dass sie am nächsten Tag ihre Texte vortragen werden.

Am dritten Tag stellen SuS ihre Texte vor der Gruppe vor. Diese werden anschließend im Plenum besprochen, dabei soll sowohl auf den inhaltlichen als auch auf den vortragenden Aspekt eingegangen werden. An dieser Stelle kann man die SuS auch in Beobachtergruppen einteilen und ihnen vorab bestimmte Beobachtungsschwerpunkte geben. Bei den vortragenden SuS sollte die Lehrerin bzw. der Lehrer darauf achten, dass auch SuS ihre Texte vortragen, die sich eventuell nicht von selbst melden würden, deren Texte aber eine hohe Qualität haben (aus diesem Grund sollten Sie im Laufe des zweiten Tages auf alle Texte Ihrer SuS einen Blick geworfen und schüchterne SuS ggf. bestärkt haben). Gerade diese SuS reagieren oft positiv auf ehrlich gemeinte Unterstützung und das positive Feedback der Gruppe. An dieser Stelle kann man auch das Thema Lampenfieber thematisieren und wie man damit umgehen kann. Zum Einstieg können die SuS nach Situationen gefragt werden, in denen sie Lampenfieber hatten und warum. Dann sollte darüber gesprochen werden, inwiefern die Situationen ähnlich sind und welche Funktion das Lampenfieber evt. gehabt haben könnte. Außerdem kann man den SuS Techniken an die Hand geben, wie sie mit dem Lampenfieber umgehen können (z. B.: Entspannungsübungen, „Publikum dekorieren", positive Selbstsuggestion).[32] Die SuS bekommen durch die Reflexionsphase hoffentlich gute Anregungen, um an ihren Texten weiterzuarbeiten. Nach dem Vorstellen der Texte fragt man die Gruppe, wer alles gern an dem Poetry Slam teilnehmen bzw. gern seinen Text weiterschreiben möchte.

Auch hier werden sich wohl einige nicht melden aufgrund Schüchternheit oder eines mangelnden Selbstwertgefühles, deshalb ist die Frage so formuliert, dass es auch um das Schreiben-Wollen gehen kann, nicht nur um das Auftreten. Wahrscheinlich wird sich der Großteil, vor allem bei einer freiwilligen Zusammensetzung der Gesamtgruppe der Projektwoche, für das Schreiben entscheiden. Diese SuS schickt man erst mal aus dem Klassenraum, sie sollen sich einen Ort zum Weiterschreiben suchen. Dies erfolgt – je nach Vorliebe – in Einzelarbeit oder in 2er-Gruppenarbeit, indem die beiden SuS ihre Texte gegenseitig prüfen, Optimierungsvorschläge machen und sich auch mental unterstützen. Ziel ist es, dass die Schreibgruppe am Ende des dritten Tages mit ihrem Text zufrieden ist und die anvisierte Textlänge erreicht ist.

32 Vgl.: https://rhetorik-online.de/lampenfieber-bekaempfen-tipps/#Lampenfieber-bek%C3%A4mpfen (letzter Zugriff am 20.01.2020)

Die SuS, die nicht weiterschreiben wollen bzw. auf keinen Fall auftreten möchten, bekommen von nun an die Aufgabe, sich um die Poetry-Slam-Veranstaltung zu kümmern, die am letzten Tag der Projektwoche stattfinden soll. Je nach Talent und Vorliebe entscheiden die verbliebenen SuS sich für die Technik-Gruppe oder die Marketing-Gruppe. Die Technikgruppe kümmert sich um den Ort der Veranstaltung, den Aufbau und die Bühne. Wo kann der Slam stattfinden? Bestenfalls natürlich in der Aula der Schule, aber es sind auch andere Orte denkbar, die Schulbücherei z. B., falls mit wenig Publikum gerechnet wird, oder ein schulexterner Ort, zur Not geht natürlich auch das Klassenzimmer. Folgende Fragen müssen dann geklärt werden: Wo können wir herausbekommen, ob wir den Slam dort machen dürfen, wen müssen wir fragen?

Die SuS sollen sich zuerst ein Arbeitsblatt mit ihren Aufgaben erstellen, diese lassen sich leicht durch W-Fragen erschließen. Wichtig ist es, die SuS möglichst selbstständig arbeiten zu lassen, es ist deren Projekt und sie werden stolz sein, wenn sie möglichst viel allein schaffen. Was für eine technische Ausstattung brauchen wir, gibt es eine Technik-AG, wer ist der Ansprechpartner? Was ist mit der Bestuhlung? Wo bekommen wir die her, wie sollen wir das aufbauen? Wer macht Fotos, wie ist eine Slambühne aufgebaut (kann im Internet recherchiert werden), sollen Videos gemacht werden? Was ist mit dem Ton, den Mikrofonen? Wer kann uns da helfen? Natürlich können die einzelnen Gruppen ihre Aufgaben untereinander aufteilen. Je älter die SuS sind, desto weniger sollte man ihnen dabei Hilfestellung geben.

Die Marketinggruppe kümmert sich um die Werbung, die anvisierte Zielgruppe, wie kann diese erreicht werden? Sollen wir Werbung auf Facebook, auf Instagram oder anderen Sozialen Medien machen, dürfen wir das überhaupt? Wer kann Plakate gestalten, wer kann sie drucken, wie sollen wir das Plakat gestalten? Wo dürfen und wo wollen wir Plakate aufhängen? Je nach Fähigkeiten der SuS wirkt ein gedrucktes, am Computer gestaltetes Plakat natürlich wesentlich professioneller. Sollen Eltern eingeladen werden und, wenn ja, wie erreichen wir diese? Was ist mit anderen Jahrgangsstufen oder parallelen Gruppen? Wollen wir Lehrer*innen einladen und wie erreichen wir diese? Sollen wir Flyer gestalten und drucken, lohnt sich das? Außerdem sollten sie sich über die Verpflegung der Gäste Gedanken machen. Was können wir anbieten, was für einen Preis verlangen wir dafür, wie berechnet sich unser Gewinn und wofür verwenden wir diesen? Wer kauft die Getränke und Lebensmittel ein, wo gibt es diese am günstigsten, wer verkauft während der Veranstaltung die Getränke, wer schreibt einen Artikel über die Projektwoche bzw. über den Slam, wo soll dieser veröffentlicht werden (Schülerzeitung? Regionale Presse?) und vor allem: Wer soll den Slam moderieren? Dies könnte eine Person aus der Gruppe sein, ein anderer SuS, der/die Schulsprecher*in, der/die Lehrer*in, der/die die Projektwoche geleitet hat, oder sonst jemand. Am schönsten wäre es natürlich, wenn ein SuS moderieren würde, der selbst an der Projektwoche Poetry Slam teilgenommen hat. Dazu sollte man die SuS auch ermutigen. Mit der Moderatorin bzw. dem Moderator sollte sich die Lehrerin bzw. der Lehrer intensiv an den Tagen vor dem Slam zusammensetzen. Der Moderatorin bzw. dem Moderator sollte der Ablauf genau erklärt werden, man sollte mit ihr/ihm Moderations- bzw. Ablaufkarten erstellen, die Regeln noch mal durchgehen und sie/ihn aufbauen und eventuell die Angst nehmen. Sollte man die SuS besser kennen, wäre es sinnvoll, die SuS an frühere Situationen zu erinnern, die sie gut gemeistert haben. Falls man sie nicht gut kennt, fragt man diese nach Situationen, in denen sie ihre Angst überwunden haben. Die Erinnerung an zurückliegende Erfolge motiviert die SuS, dass sie auch dieses Mal gut mit ihrer Angst umgehen können. Außerdem ist es möglich, sich ein gemeinsames Gruppenritual zu überlegen, das man vor dem Slam durchführt (wir haben uns meistens, ähnlich wie bei einigen Sportteams, in einem Kreis zusammen umarmt aufgestellt und uns verbal angefeuert). Da die Angst sich bei verschiedenen Menschen unterschiedlich äußern kann, brauchen diese auch verschiedene Methoden, die man durchaus auch mit den SuS vorab thematisieren kann. Bei einigen äußert sich die Angst körperlich, z. B. durch Schwitzen, da wären banale Tips hilfreich, wie ein anderes T-Shirt einpacken. Einige brauchen Bewegung, um sich zu beruhigen. Da dies nicht immer möglich ist, kann man auch hinter der Bühne im Kreis oder auf der Stelle laufen. Vielen SuS hilft es sehr, vor dem Auftritt über Kopfhörer Musik zu hören, um sich so noch einmal auf sich selbst zu fokussieren und die Außenwelt auszuschalten. Positive Selbstsuggestion und aufbauende Mantren vor dem Auftritt sind für einige SuS ebenfalls eine hilfreiche Unterstützung. Einge möchten vielleicht einen Talisman dabei haben. Und zur Not gibt es ja noch den „alten" Trick, sich das Publikum nackt vorzustellen, wenn man auf der Bühne steht. Als Lehrerin bzw. Lehrer sollte man sich während des Slams in der Nähe der Bühne im Hintergrund halten, um ggf. schnell einspringen zu können.

Am vierten Tag arbeiten die Schreib-, Technik- und Marketinggruppen individuell an ihren Aufgaben. Am Ende des vierten Tages stellt die Schreibgruppe den anderen ihre Ergebnisse vor, die anderen reflektieren die fertig gestellten Texte und deren Vortrag. Nun geht es darum, wer am nächsten Tag auftreten darf. Es ist nicht sinnvoll, einen Slam mit 30 Teilnehmer*innen durchzuführen, denn bei einem normalen Slam treten meist zwischen 5 und 10 Slammer*innen auf. Sollten es wesentlich mehr SuS sein mit einer Textlänge von 5–6 Minuten, können nicht alle auftreten. Dies wäre zu anstrengend für die Zuhörer*innen. Ich würde die Zahl, bei nur einer Runde

(d. h. jede/r SuS liest nur einen Text und der mit der höchsten Punktzahl gewinnt), auf 15 SuS begrenzen. Diese gilt es am Ende des vierten Tages auszuwählen. Idealerweise sollte der Raum, an dem der Slam stattfindet, bis zum Ende des vierten Tages aufgebaut und bestuhlt sein. Ansonsten muss dies am Anfang des fünften Tages erfolgen. Der fünfte Tag dient dann dem restlichen Aufbau, der Beruhigung der Nerven der SuS und der Abschlussveranstaltung: der große Poetry Slam des Projektkurses. Auch darüber kann noch ein Artikel für die Schülerzeitung oder die örtliche Presse geschrieben werden.

3.6. PROJEKTKURS. ARBEITSGEMEINSCHAFT

In der gymnasialen Oberstufe sind die SuS in NRW in ihrem ersten Oberstufenjahr dazu verpflichtet, eine Facharbeit zu einem selbstgewählten Thema zu schreiben. Diese Facharbeit ersetzt eine Klausur in dem Fach, in dem die Facharbeit geschrieben wird. Alternativ ist es möglich, einen Projektkurs zu belegen. Der Projektkurse müssen an ein reguläres Fach der Oberstufe angedockt sein, d. h. dieses Fach muss in der Schule unterrichtet werden und es dürfen auch nur SuS an dem jeweiligen Projektkurs teilnehmen, die das Bezugsfach belegt haben. Dies stellt jedoch im Falle eines Projektkurses Poetry Slam kein Problem dar. Das Bezugsfach ist das Fach Deutsch, welches ohnehin jede/r SuS der Oberstufe belegen muss. Ziel ist es, dass am Ende des Projektkurses eine schriftliche Arbeit abgegeben wird, diese wird dann, ebenso wie die sonstige Mitarbeit im Projektkurs, bewertet. Diese Note ersetzt die Note der Facharbeit. Im Poetry-Slam-Projektkurs ist es sinnvoll, als Bewertungsgrundlage die Textmappe heranzuziehen. Die Textmappe wird auf Vollständigkeit hin bewertet, sowohl die jeweilige Textlänge als auch die Textanzahl muss mit den am Anfang des Kurses gemachten Vorgaben übereinstimmen. Zusätzlich sollen die SuS noch eine Analyse zu einem ihrer Texte schreiben. Ebenfalls denkbar wäre eine schrftliche Reflexionsaufgabe über die Entwicklung ihres Schreibprozesses während des Kurses. Ich selbst erwarte 5–6 Texte mit einer Länge von jeweils 5–7 Minuten zuzüglich der schriftlichen Analyse eines der selbst verfassten Texte. Formal gelten die Vorgaben für das Verfassen einer Facharbeit.

Der Projektkurs wird ein Schuljahr lang unterrichtet, das Ziel ist ein großer Abschlussschulslam mit zwei bis drei Runden (je nach Anzahl der Teilnehmer*innen) am Ende des Schuljahres. Der Slam soll von den SuS geplant und organisiert werden, die SuS sollen sich um die Werbung und die Veranstaltungsorganisation kümmern.

Zu Beginn des Kurses werden die SuS nach ihrer Anmeldemotivation und ihren bisherigen Schreiberfahrungen befragt. Diese sollte sich der Lehrer notieren und für den weiteren Verlauf berücksichtigen. Den SuS sollte ebenfalls am Anfang des Projektkurses erläutert werden, wie die Bewertung erfolgt, wie die Textmappe auszusehen hat und dass am Ende des Schuljahres ein Poetry Slam veranstaltet wird. Dass bis dahin jeder mindestens drei Texte geschrieben haben wird, mit denen er/sie zufrieden ist, auch wenn sie das am Anfang des Kurses vielleicht noch nicht glauben können. Gerade die Aussicht auf das Auf-der-Bühne-Stehen verunsichert einige SuS und macht ihnen ein wenig Angst, dies sollte man als Lehrer*in auch immer wieder aufgreifen und die SuS positiv bestärken. Die SuS sollten dabei auf ihre Entwicklung hingewiesen werden und überlegen, welche Hürden sie in ihrem Leben schon gemeistert haben. Die Lehrperson sollte auch kleine Schritte der SuS positiv verstärken[33] – Skinner versteht darunter z. B. ein Belohnungssystem, ein kleines Präsent oder ein Lob.[34] Gut ist es auch, wenn die SuS sich gegenseitig zu ihren Texten und Proben vor der Gruppe ein positives Feedback mit Verbesserungsvorschlägen geben sollen. Da alle in derselben Situation sind, funktioniert dies meist erstaunlich gut und man kann dann als Lehrperson als Letzter in der Reflexionsrunde hinzufügen, was den SuS bislang nicht aufgefallen ist. Also: Besonders wichtig ist es, gerade am Anfang des Prozesses der SuS, die positiven Aspekte ihres Auftretens und Schreibens hervorzuheben, um die SuS dadurch zu motivieren und zu ermutigen.[35]

---

33 Vgl. Skinners Theorie des operanten Konditionierens, online z. B. zu finden auf http://www.lern-psychologie.de/behavior/skinner.htm (letzter Zugriff am 20.01.2020)

34 Ideen, wie man SuS „richtig“ lobt, findet man z. B. in: Lohmann, Gert: Mit Schülern klarkommen. Cornelsen 2011 (S. 108 ff.)

35 Vgl. Lohmann, Gert: Mit Schülern klarkommen. (S. 150 ff)

Das Schöne an einem Projektkurs ist, dass man die Möglichkeit hat, die SuS über einen langen Zeitraum hinweg bei ihrem Schreib- und Vortragsprozess zu begleiten. Dadurch, dass nicht zu viele SuS an dem Kurs teilnehmen sollten (max. 15), entsteht eine intime Arbeitsatmosphäre. Durch die häufig persönlichen Themen, die durch die Texte der SuS aufgebracht werden, entsteht schnell eine enge Bindung der Gruppe untereinander, durch den Poetry Slam am Ende des Schuljahres haben alle ein gemeinsames Ziel, auf das sie hinarbeiten. All dies verstärkt und unterstützt die Motivation der SuS.

Im ersten Halbjahr sollte der Schreib- und Vortragsprozess der SuS im Fokus stehen. Die Lehrerin bzw. der Lehrer sollte immer wieder genügend Raum geben, um Schreibprozesse anzustoßen, die Ergebnisse von den SuS vortragen lassen und diese gemeinsam mit dem Kurs reflektieren. Idealerweise nimmt sich die Lehrerin bzw. der Lehrer bei der Reflexion der Texte im Laufe des Kurses immer mehr zurück, je mehr die SuS sich selbst gegenseitig unterstützen, desto besser. Für längere Schreibprozesse wäre es auch sinnvoll, wenn man mit dem Kurs die reguläre Stundenverteilung etwas außer Acht lassen könnte. So könnte man z. B. an einem Projekttag 6 Stunden mit dem Kurs veranschlagen und dafür die eigentlich im Stundenraster verteilten Stunden auf den Projekttag legen. Es ist nicht notwendig, sich jede Woche für eine Doppelstunde zu treffen, wenn sich die Gelegenheit im Schulalltag ergibt, dass man sich auch mal mehrere Stunden treffen kann, sollte man dies nutzen.

In den ersten Stunden sollten den SuS erläutert werden, was Poetry Slam ist und wie vielfältig die Texte ausgestaltet sein können.

Anschließend werden einige Sequenzen zur Themenfindung durchgeführt und die SuS werden als erste Schreiberfahrung zum automatischen Schreiben hingeleitet, siehe das Kapitel zum „Projekttag". Sollten die SuS nach diesen Einheiten ihr eigenes Thema gefunden haben, können sie dazu ihren ersten Text verfassen. Da dies nicht bei jeder/m SuS der Fall sein wird, sollte der Lehrer auch noch Themen bzw. Textanfänge vorgeben. Der Bereich der Themenfindung sollte während des ganzen Schuljahres immer mal wieder aufgegriffen werden. Sollten die SuS mit ihrem Text zufrieden sein, sollen sie ihn vor der Gruppe vorstellen.

Danach reflektiert die Gruppe den Auftritt und den Text. Der/Die Poet*in sollte sich vorher seine Fragen an die Zuhörer notieren. Die Zuhörer*innen sollen erläutern, was für sie den Inhalt des Textes ausmacht und welche Wirkung Text und Auftritt bei ihnen erzeugt haben. Stimmt diese erzielte Wirkung mit der vom Poeten bzw. von der Poetin gewünschten Wirkung überein? Falls nicht, was könnte der Poet bzw. die Poetin verändern, um seine/ihre gewünschte Wirkung zu erzielen? Welche Sätze oder Wörter haben die Zuhörer als relevant oder intensiv wahrgenommen? Als Lehrer*in sollte man bei diesen Gesprächen immer als Letzte*r zu Wort kommen, die SuS sollen möglichst eigenständig arbeiten und lernen, mit ihren Texten konstruktiv umzugehen. Wichtig ist auch das Thematisieren von Ängsten und das Loben der SuS. In jedem Text und/oder Auftritt lässt sich etwas Positives finden, etwas, worauf man aufbauen kann. Ebenso findet man aber auch immer Punkte, die man noch verbessern kann, wenn man denn möchte. Denn SuS sollen lernen, dass ein Text (fast) nie nach dem ersten Entwurf fertig ist. Schreiben ist Entwicklung, Prozess, und durch das Schreiben werden sich auch die SuS entwickeln.

Da man in einem Projektkurs wesentlich mehr Zeit hat als in den anderen vorgeschlagenen Formen des Unterrichtens von Poetry Slam, kann man die Zeit auch dafür nutzen, sich Poetry-Slam-Videos von anderen Künstler*innen anzusehen und diese anhand Text und Performance zu untersuchen. Auch bietet es sich an, Texte von anderen Slammer*innen performativ vorzutragen.[36]

Bis zum Ende des ersten Halbjahres sollte jede/r SuS drei fertige Texte in seiner Mappe haben (fertig bedeutet auch, dass diese vorgetragen 5–6 Minuten lang sind!). Sollten einzelne SuS mehr Texte haben, ist das natürlich sehr erfreulich und könnte mit Zusatzpunkten bewertet werden. Im ersten Halbjahr

36 Eine Auswahl an Slamtexten, die sich zum performativen Vortragen eignen, finden sie in diesem Buch: Sperling, Theresa (Hrsg.): Slam Poetry – 50 Monologe und Dialoge, Deutscher Theaterverlag, 2019

sollte mit den SuS ein Poetry Slam besucht werden, je nach Lage der Schule und Angebot an Slams in der Umgebung kann dies natürlich auch häufiger gemacht werden. Die Slam-Veranstaltung sollte anschließend nachbereitet werden, um eine Grundlage für die Reflexion beim nächsten Gruppentreffen zu schaffen: Welche Slammer*in hat mir am besten gefallen und warum? Welche am wenigsten? Was waren die Themen der Texte? Wann wurde ich emotional berührt und wodurch wurde dies wohl bewirkt? Wie ist der Ablauf der Veranstaltung? Was sagt die Moderation? Nimmt sie Einfluss aufs Publikum und, wenn ja, wie? Wie wird abgestimmt? Kann ich die Abstimmung nachvollziehen oder bin ich anderer Meinung? Wie ist die Interaktion zwischen Moderator*in, Slammer*in und Publikum? Wie ist die Bühne aufgebaut, wie die Bestuhlung? Was gibt es an Verpflegungsangeboten für die Gäste? Wie wurde und wird der Slam beworben?

Ggf. sind auch Gespräche mit den Slammer*innen, der Moderation und anderen Gästen möglich. Sie können sich gemeinsam mit dem Kurs vor dem Besuch Fragen und Beobachtungsaufträge überlegen und die SuS ggf. in Gruppen aufteilen. Die SuS sollten sich nach dem Slam direkt Notizen zu ihren Fragen machen. In der Sitzung nach dem Slambesuch werden die Antworten zusammengetragen und der Besuch reflektiert. Die SuS werden gefragt, was für sie das Interessanteste und Wichtigste war, das sie durch den Slambesuch gelernt haben, und was sie für ihre eigene Textarbeit daraus mitnehmen können. An dieser Stelle wird auch zum ersten Mal über die technische Logistik eines Poetry Slams (Bühne, Bestuhlung, Mikrofone, Verstärkeranlage etc.) gesprochen und über die Rolle der Moderatorin bzw. des Moderators. Die SuS sollen angeregt werden, über die Gestaltung ihres Abschlussslams nachzudenken.

Die SuS sollten überlegen, wer sich in welchem Bereich engagieren möchte. Gibt es technikaffine SuS im Kurs, sollten diese sich um die Technik der Abschlussveranstaltung kümmern: Wo bekommen wir Mikrofone her, was benötigen wir sonst noch für den Slam an Technik, wer kann uns dabei helfen (Hausmeister? Techniklehrer? Andere SuS?)? Wie soll bestuhlt werden, wie die Bühne gestaltet werden? Außerdem sollte der Kurs sich überlegen, wo der Slam stattfinden soll. Auch sollte über das Publikum gesprochen werden: Wen wollen wir einladen und auf welchem Wege? Wie viele Menschen werden wir mit dem Slam erreichen können? Wollen wir den Slam bewerben und wenn ja, wie und wo? Zum Slam selbst sollte der Kurs sich überlegen, wie viele Runden es geben soll (eine, zwei oder drei), wie das Abstimmungssystem sein soll, ob es einen Preis gibt und wie viele SuS auftreten sollen (Vorsicht: Bei zu vielen Texten ermüdet das Publikum u. U.!).

Auch über die Moderation sollen die SuS sich Gedanken machen: Bei einem großen Kurs kann dies auch ein/e SuS übernehmen, falls sich niemand findet, kann die Moderation natürlich auch durch die Lehrkraft erfolgen. Ebenfalls nicht zu vergessen ist die Verpflegung des Publikums.

Für die Planung des Slams sollte mindestens eine Doppelstunde gegen Ende des ersten bzw. Anfang des zweiten Halbjahres stattfinden, außerdem wird man sich kurz vor der Veranstaltung vermehrt mit der Planung beschäftigen und weniger mit dem Schreiben und der Textreflexion.

Wenn die SuS sich sicher sind, welche Texte sie auf dem Abschlussslam vortragen wollen, geht es an die Feinarbeit. Die SuS stellen ihre Texte vor, der Kurs erarbeitet Verbesserungen, sowohl den Inhalt als auch die Performanz betreffend. Je nach Vorliebe der einzelen SuS kann dies in der Großgruppe oder in Kleingruppen/Partnerarbeit geschehen. Sollten nicht alle SuS auftreten, können die übrigen sich entweder mit der Slamvorbereitung beschäftigen oder den Auftretenden Anregungen geben, deren Texte zu verbessern.

Je weiter der Kurs voranschreitet, desto individueller entwickelt sich ihr gemeinsamer Arbeitsprozess, sodass an dieser Stelle nur eine grobe Übersicht über den Verlauf des Projektkurses gegeben wird. Das gemeinsame Ziel, der abschließende Poetry Slam, wird bei Ihren SuS und Ihnen mit großer Wahrscheinlichkeit kreative Energien freisetzen, sodass sich die weiteren Unterrichtsverläufe aus dem Prozess mit den SuS heraus ergeben werden.

Wichtig!

Beziehen Sie die SuS nach dem ersten Halbjahr in die Unterrichtsplanung mit ein, fragen Sie, welche Schwerpunkte derzeit für sie am wichtigsten sind (Schreiben, Themenfindung, Performanz, Slamplanung, Auftritte sehen, ...) und orientieren Sie sich an dem Feedback! Ziehen Sie sich mehr aus ihrer Lehrerrolle zurück, als Sie es von anderen Fächern gewohnt sind, umso mehr werden Sie in diesem Kurs auch von Ihren SuS lernen!

Für Kinder der Unter- und Mittelstufe kann es ggf., je nach Schulform und Alter der Kinder, überfordernd sein, am Ende des Schuljahres einen Slam selbst zu planen und vor allem die geforderten Texte in der entsprechenden Länge zu schreiben. Aber natürlich ist dies auch möglich, Sie kennen Ihre SuS am besten.

Zur Verankerung in den Stundenplan und um Poetry Slam langfristig in den Schulalltag und das Schulprogramm integrieren zu können, eignet sich für die Unter- und Mittelstufe das Anbieten einer AG. Diese findet üblicherweise einmal wöchentlich für zwei Stunden statt, ähnlich wie der Projektkurs. Dementsprechend wäre es möglich, die AG ähnlich aufzubauen.

Dabei sollte allerdings verstärkt auf die Auswahl der Texte geachtet werden, die man den SuS vorstellt. Diese sollten aufgrund des Alters der SuS möglichst wenig abstrakt sein und einen starken Bezug zur Lebenswelt der SuS haben, damit eine Identifikation mit dem Format auch für jüngere SuS möglich ist. Wenn Sie mit den SuS einen Poetry Slam besuchen möchten, wäre ein U20-Slam vorzuziehen. Sie können sich auch an den Unterrichtsvorschlägen dieses Buches für Einzel- und Doppelstunden für die Sek. I orientieren.

Wichtig!

Wenn Sie einen Poetry Slam mit Ihrer AG planen, sollte dieser in einem kleineren Rahmen stattfinden. Außerdem sollten die SuS nur mit einem Text auftreten und die Texte müssen auch nicht zwingend 5 Minuten lang sein, bei SuS der Unterstufe sind 3 Minuten als Ziel eine ausreichende Herausforderung. Die Organisation des Slams sollte überwiegend in den Händen der Lehrkraft liegen, je älter die SuS sind, desto mehr Verantwortung kann man ihnen jedoch übertragen. Je nach Alter und Profil der SuS könnte man die AG aber auch inhaltlich erweitern und zu einer „Textwerkstatt" machen. Dann wäre es z. B. auch möglich, im Rahmen der AG Texte für die Schülerzeitung zu schreiben – eventuell einen Bericht über einen besuchten Poetry Slam. Vielleicht möchten einige SuS ja Kurzgeschichten schreiben? Oder Sie laden Autor*innen, Poetry Slammer*innen oder Journalist*innen ein und lassen diese von ihren SuS interviewen.

Sie können mit den SuS kleine Stilmittelübungen durchführen, am Ende des Schuljahres eine „AG-Zeitung“ herausbringen, einige SuS ihrer AG könnten den Schulalltag dokumentieren. Für jüngere SuS bietet es sich auch an, zwischendurch Vorleseeinheiten durchzuführen und mit den SuS über den Inhalt, die Wirkung sowie den Aufbau und die Struktur verschiedener Textsorten zu sprechen. Weitere gute Ideen, teilweise auch mit konkreten Unterrichtsumsetzungsvorschlägen, finden Sie u. a. in dem Buch von Timo Brunke.[37] Dieses Buch eignet sich für den Umgang mit Kindern, Jugendlichen und jungen Erwachsenen ab der 5. Klasse.

Wichtig!

Lassen Sie die SuS Ihrer AG über die Schwerpunkte mitentscheiden, fragen Sie am Anfang deren Schreiberfahrungen und deren Motivation, die AG zu wählen, ab! Holen Sie sie dann da ab, „wo sie stehen“, entwickeln gemeinsam den Plan für den Verlauf der AG, arbeiten gemeinsam und geben Sie den SuS analog zu ihrem Alter mehr Verantwortung! Achten Sie darauf, dass Sie zum Ende eines Halbjahres ein „Produkt“ geschaffen haben, im ersten Halbjahr z. B. Textabdrucke in einer Zeitung (Interview, Bericht, Rezession) und im zweiten Halbjahr einen Poetry Slam!

37 Brunke, Timo: Wort und Spiel im Unterricht. Vom Sprachspiel über Poetry Slam zur Rhapsodie. Seelze: Kallmeyer/Klett Verlag, 2. Auflage 2016

4. LEHRPLANBEZUG

In diesem Kapitel geht es darum, wie Sie Ihr Unterrichtsvorhaben „Poetry Slam“ mit den Lehrplänen und Bildungsstandards vereinbaren können und welche Kompetenzen durch die Beschäftigung mit Poetry Slam von den SuS erworben werden. Ich orientiere mich dabei an den Lehrplänen und Bildungsstandards des Landes NRW.

Da es sich bei den im Buch vorgestellten Möglichkeiten in der Regel um Hinweise und Handlungsempfehlungen handelt, lassen sich diese sicherlich auch gut auf die Lehrpläne in anderen Bundesländern anpassen.

4.1. LEHRPLANBEZUG

Bezug nimmt dieses Kapitel zuerst auf die Bildungsstandards für das Fach Deutsch für den Mittleren Schulabschluss in NRW.[38]

38 Bildungsstandards im Fach Deutsch für den Mittleren Schulabschluss. Köln: Luchterhand, 2004

Im ersten Absatz des Kapitels „Der Beitrag des Faches Deutsch zur Bildung“ wird dargestellt, dass die im Fach Deutsch erworbenen Kompetenzen Voraussetzungen sind, um am gesellschaftlichen Leben teilhaben und nach der Schule erfolgreich eine Ausbildung abschließen zu können. Bezogen auf den Bereich „Poetry Slam“ wären dies z. B. die Kompetenzen Texte verstehen, sich in unterschiedlichen Situationen zu verständigen, verschiedene Schreibformen zu beherrschen und die eigene Kreativität zu entfalten.[39]

Grundsätzlich ist das Fach Deutsch in vier Kompetenzbereiche unterteilt: Sprache und Sprachgebrauch untersuchen, Sprechen und Zuhören, Schreiben und Lesen – mit Texten und Medien umgehen.[40] Bezogen auf das Thema „Poetry Slam“ können die SuS nicht nur im Bereich „Schreiben“ Kompetenzen erwerben, je nach Schwerpunktsetzung der Stunde/Reihe oder sonstiger Unterrichtsform ist auch ein Erwerb von Kompetenzen der anderen Schwerpunkte möglich. Das Kultusministerium NRW definiert die vier Kompetenzbereiche wie folgt:

Sprechen und Zuhören: „Die SuS bewältigen kommunikative Situationen in persönlichen, beruflichen und öffentlichen Zusammenhängen situationsangemessen und adressatengerecht.“[41]

---

39 Vgl.: Bildungsstandards (S. 6)
40 Vgl.: Bildungsstandards (S. 8)
41 Bildungsstandards (S. 8)

Auch ein Auftritt auf einem Poetry Slam ist eine „kommunikative Situation", in der es wichtig ist, „situationsangemessen und adressatengerecht" zu kommunizieren (z. B. die Moderation, die Einleitung der einzelnen Slamtexte, ...). Auch das Publikum erwirbt beim Zuhören der Auftritte und beim Bewerten Kompetenzen aus dem Bereich „Sprechen und Zuhören".

Schreiben: „Die SuS kennen die vielfältigen Möglichkeiten des Schreibens als Mittel der Kommunikation, der Darstellung und der Reflexion und verfassen selbst adressatengerechte Texte."[42] Dieser Kompetenzbereich kann durch die Beschäftigung mit Poetry Slam als Schwerpunkt vermittelt werden.

Lesen – mit Texten und Medien umgehen: „Die SuS verfügen über grundlegende Verfahren für das Verstehen von Texten, was Leseinteresse sowie Lesefreude fördert und zur Ausbildung von Empathie und Fremdverstehen beiträgt."[43] Insbesondere durch die Reflexion der im Kurs oder von externen Slammer*innen geschriebenen Texte wird die Fähigkeit der SuS, sich in andere Lebenswelten zu versetzen und diese nachvollziehen zu können, gefördert.

Sprache und Sprachgebrauch untersuchen: „Die SuS denken über Sprache und Sprachgebrauch nach, um das komplexe Erscheinungsbild sprachlichen Han-

42 Bildungsstandards (S. 8)
43 Bildungsstandards (S. 9)

delns – des eigenen und des fremden – und die Bedingungen, unter denen es zustande kommt bzw. aufgenommen wird, zu verstehen und für die eigene Sprachentwicklung zu nutzen."[44] Durch die Beschäftigung mit Poetry Slam und die Reflexion ihres Schreibprozesses sollen die SuS ihre eigene „Stimme", ihre eigene „Sprache" entwickeln und auch gegenüber anderen begründen können, warum sie Sprache so in ihrem Text einsetzen, wie sie es tun.

Die SuS entwickeln also durch die Beschäftigung mit Poetry Slam ihre eigene Sprache und finden einen bewussten Zugang dazu.

Zuzüglich zu den vier Kompetenzbereichen sollen Methoden und Arbeitstechniken vermittelt werden, die mit den Inhalten der jeweiligen Kompetenzbereiche erworben werden sollen.

Konkret wären folgende Standards in den einzelnen Kompetenzbereichen durch Poetry Slam erwerbbar (Anmerkungen der Autorin sind kursiv in Klammern gesetzt, Auslassungen sind durch (…) gekennzeichnet):

Sprechen und Zuhören
zu anderen sprechen

- sich artikuliert, verständlich, sach- und situationsangemessen äußern,
- über einen umfangreichen und differenzier-

44 Bildungsstandards (S. 9)

ten Wortschatz verfügen,

∗ verschiedene Formen mdl. Darstellung unterscheiden und anwenden, insbesondere erzählen, berichten, informieren, beschreiben, schildern, apellieren, argumentieren, erörtern (*z. B. durch das Untersuchen fremder Poetry-Slam-Texte oder durch das Schreiben zu einem Thema in bestimmten Darstellungsformen*),

∗ Wirkungen der Redeweise kennen, beachten und situations- sowie adressatengerecht anwenden: Lautstärke, Betonung, Sprechtempo, Klangfarbe, Stimmführung, Körpersprache (Gestik, Mimik) → *Die einzelnen Aspekte lassen sich hervorragend als Beobachtungsaufträge für Slamauftritte einsetzen*,

∗ unterschiedliche Sprechsituationen gestalten, insbesondere Vorstellungsgespräch/Bewerbungsgespräch, Antragstellung, Beschwerde, Entschuldigung, Gesprächsleitung (*dies eher implizit, indem man die SuS z. B. einen Text in Form eines Vorstellungsgespräches schreiben lässt o. Ä.*).

vor anderen sprechen

∗ Texte sinngebend und gestaltend vorlesen und (frei) vortragen.

mit anderen sprechen

∗ sich konstruktiv an einem Gespräch beteiligen (*z. B. Reflektionsgespräche*),

* Gesprächsregeln einhalten,
* die eigene Meinung begründet und nachvollziehbar vertreten,
* auf Gegenpositionen sachlich und argumentierend eingehen.

verstehend zuhören

* Gesprächsbeiträge anderer verfolgen und aufnehmen,
* wesentliche Aussagen aus umfangreichen gesprochenen Texten verstehen, diese Informationen sichern und weitergeben,
* Aufmerksamkeit für verbale und nonverbale Äußerungen (z. B. Stimmführung, Körpersprache) entwickeln.

Methoden und Arbeitstechniken:

* verschiedene Gesprächsformen praktizieren, z. B. Dialoge (…) (*Sie könnten die SuS ja einen Dialog als Teamtext schreiben lassen?*),
* Gesprächsformen moderieren, leiten, beobachten, reflektieren (*falls SuS moderieren sollten*),
* Redestrategien einsetzen (…),
* sich gezielt sachgerechte Stichwörter aufschreiben,
* Notizen selbstständig strukturieren und Notizen zur Reproduktion des Gehörten nutzen, dabei sachlogische sprachliche Verknüpfungen herstellen,

* Video-Feedback nutzen (*Nehmen Sie doch Auftritte ihrer SuS auf und reflektieren Sie diese dann im Kurs!*).

Schreiben
über Schreibfertigkeiten verfügen

* Texte in gut lesbarer handschriftlicher Form und in einem der Situation angemessenen Tempo schreiben ODER:
* Textverarbeitungsprogramme und ihre Möglichkeiten nutzen (*je nachdem, ob der/die jeweilige SuS per Hand oder am Laptop/Handy schreiben möchte*).

Einen Schreibprozess eigenverantwortlich gestalten
Texte planen und entwerfen

* gemäß den Aufgaben und der Zeitvorgabe einen Schreibplan erstellen, sich für die angemessene Textsorte entscheiden und Texte ziel-, adressaten- und situationsbezogen, ggf. materialorientiert konzipieren,
* Informationsquellen gezielt nutzen, insbesondere Bibliotheken, Nachschlagewerke, Zeitung, Internet (*je nach von den SuS gewähltem Thema, nicht jeder Slamtexte benötigt eine inhaltliche Vor-recherche des Themas*),
* Stoffsammlung erstellen, ordnen und eine Gliederung anfertigen: z. B. numerische Gliederung,

Cluster, Ideenstern, Mindmap, Flussdiagramm (*insbesondere zur Ideensortierung vor dem Schreibprozess sinnvoll*).

Texte schreiben

* zentrale Schreibformen beherrschen und sachgerecht nutzen (…),
* produktive Schreibformen nutzen: z. B. umschreiben, weiterschreiben, ausgestalten,
* Texte sprachlich gestalten: strukturiert, verständlich, sprachlich variabel und stilistisch stimmig zur Aussage schreiben; sprachliche Mittel gezielt einsetzen: z. B. Vergleiche, Bilder, Wiederholungen.

Texte überarbeiten

* Aufbau, Inhalt und Formulierungen eigener Texte hinsichtlich der Aufgabenstellung überprüfen (Schreibsituation, Schreibanlass).

Methoden und Arbeitstechniken

* Arbeitspläne, Konzepte entwerfen, Arbeitsschritte festlegen (…),
* Texte inhaltlich und sprachlich überarbeiten: z. B. (…) Wirksamkeit und Angemessenheit sprachlicher Gestaltungsmittel prüfen,
* Zitate in den eigenen Text integrieren (*ggf.*),

∗ mit Textverarbeitungsprogrammen umgehen (*bei Benutzung des Pcs/Laptops/Handys statt handschriftlichem Schreiben*),

∗ Schreibkonferenzen/Schreibwerkstätten durchführen.

Lesen – mit Texten und Medien umgehen
Strategien zum Leseverstehen kennen und anwenden

∗ Textschemata erfassen: z. B. Textsorte, Aufbau des Textes.

Texte verstehen und nutzen
literarische Texte verstehen und nutzen

∗ epische, lyrische, dramatische Texte unterscheiden (…)

∗ Zusammenhänge zwischen Text, Entstehungszeit und Leben des Autors/der Autorin bei der Arbeit an Texten (…) herstellen (*da Poetry-Slam-Texte zumeist sehr gegenwartsbezogen sind und oftmals popkulturelle Anspielungen enthalten, lässt sich dieser Punkt auch gut an den Texten fremder Poetry Slammer*innen erarbeiten*),

∗ zentrale Inhalte erschließen,

∗ wesentliche Elemente eines Textes erfassen: z. B. Figuren, Raum- und Zeitdarstellung, Konfliktverlauf,

∗ wesentliche Fachbegriffe zur Erschließung von Literatur kennen und anwenden: insbesondere Erzähler, Erzählperspektive, Monolog, Dialog, sprachliche Bilder, Metapher, Reim, lyrisches Ich,

∗ sprachliche Gestaltungsmittel in ihren Wirkungszusammenhängen (…) erkennen,

∗ eigene Deutungen des Textes entwickeln, am Text belegen und sich mit anderen darüber verständigen,

∗ produktive Methoden anwenden: z. B. Perspektivwechsel: innerer Monolog, Brief in der Rolle einer literarischen Figur; (…) Paralleltext, weiterschreiben, in eine andere Textsorte umschreiben.

Sach- und Gebrauchstexte verstehen und nutzen

∗ verschiedene Textfunktionen und Textsorten unterscheiden: z. B. informieren: Nachricht; appellieren: Kommentar, Rede (…).

Medien verstehen und nutzen

∗ Informationsmöglichkeiten nutzen.

Sprache und Sprachgebrauch untersuchen
Äußerungen/Texte in Verwendungszusammenhängen reflektieren und bewusst gestalten

∗ beim Sprachhandeln einen differenzierten Wortschatz gebrauchen einschließlich umgangssprachlicher und idiomatischer Wendungen in Kenntnis des jeweiligen Zusammenhangs,

* „Sprachen in der Sprache" kennen und in ihrer Funktion unterscheiden: z. B. Standardsprache, Umgangssprache, Dialekt; Gruppensprachen, Fachsprachen; gesprochene und geschriebene Sprache,
* Sprechweisen unterscheiden und beachten: z. B. gehoben, derb, abwertend, ironisch.

Textbeschaffenheit analysieren und reflektieren

* sprachliche Mittel zur Sicherung des Textzusammenhangs (Textkohärenz) kennen und anwenden: Wortebene (…), Satzebene (…), Bedeutungsebene,
* Möglichkeiten der Textstrukturierung kennen und nutzen.

Laut-Buchstaben-Beziehungen kennen und reflektieren

* wichtige Regeln der Aussprache (…) kennen und beim Sprachhandeln berücksichtigen.

Schon anhand dieser Auflistung lässt sich erkennen, wie sehr Poetry Slam Ihre SuS dabei unterstützen kann, die gewünschten Kompetenzen im Fach Deutsch zu erlangen. Im Kernlehrplan Deutsch für die Sekundarstufe I, hier beispielhaft für die Gesamtschule, werden diese Kompetenzanforderungen differenzierter dargestellt und auf die einzelnen Schuljahre verteilt.[45] Aufgabenschwerpunkte, die

45 Kernlehrplan Deutsch, Sekundarstufe I, Gesamtschule NRW

im Kernlehrplan gesetzt werden und die sich gut für den Erwerb durch die Beschäftigung mit Poetry Slam eignen, wären z. B. für die

Jahrgangsstufe 5 & 6
Aufgabenschwerpunkt Sprechen

* Sie erzählen eigene Erlebnisse und Erfahrungen sowie Geschichten anschaulich und lebendig (Gestaltungsmittel wie Steigerung, Andeutung/Vorausdeutung, Pointierung einsetzen). *Dieser Aspekt soll auch der Schwerpunkt der unterrichtlichen Arbeit im Fach Deutsch in dieser Jahrgangsstufe sein – und genau dieser Aufgabenschwerpunkt lässt sich hervorragend mit dem Thema Poetry Slam verbinden.*
* Sie formulieren eigene Meinungen und vertreten diese.

Zuhören

* Sie hören aufmerksam zu und reagieren sach- und situationsbezogen auf andere.
* Sie machen sich Notizen, um Gehörtes festzuhalten.

Gestaltend sprechen/szenisch spielen

* Sie sprechen gestaltend in vorgegebenen Situationen (Artikulation; Tempo und Intonation/Modulation; Körpersprache; Mimik und Gestik).

* Sie tragen kürzere Texte auswendig vor.

Schreiben als Prozess

* Die SuS setzen sich ein Schreibziel und wenden elementare Methoden der Textplanung, Textformulierung (...) und Textüberarbeitung an.

Texte schreiben

* Sie erzählen Erlebnisse und Begebenheiten frei oder nach Vorlage anschaulich und lebendig. Sie wenden dabei in Ansätzen Erzähltechniken an. (*Auch diese Kompetenz wird von der KMK als Schwerpunkt der unterrichtlichen Arbeit gesehen und auch diese lässt sich hervorragend mit Poetry Slam vermitteln und erarbeiten.*

  Im Kernlehrplan wird vorgeschlagen, dass die SuS z. B. einen Traum erzählen sollen, einen Erzählkern ausgestalten sollen, eine Geschichte zu einem Sprichwort oder zu Reizwörtern erzählen sollen oder dass die SuS sich im Dialoge schreiben üben sollen).
* Sie formulieren persönliche Briefe (*ggf. als Textgattung möglich/Brief als Slamtext*).

Produktionsorientiertes Schreiben

* Sie verfassen Texte nach Textmustern (z. B. Märchen, Fabeln), entwickeln fremde Texte weiter, schreiben sie um und verfremden sie. (*Auch*

dies wird als unterrichtlicher Schwerpunkt betrachtet).

Kompetenzbereich Lesen
Umgang mit Sachtexten und Medien

* Sie erfassen Inhalte medial vermittelter jugendspezifischer Texte und beschreiben deren Wirkung (*hier könnte man z. B. einen Slamtext von/für Jugendliche untersuchen*).

Umgang mit literarischen Texten

* Sie unterscheiden einfache literarische Formen (z. B. Erzählung, Märchen, Fabeln ...), erfassen deren Inhalte und Wirkungsweise unter Berücksichtigung grundlegender sprachlicher und struktureller Merkmale. (…).
* Sie wenden einfache Verfahren der Textuntersuchung und Grundbegriffe der Textbeschreibung an. (…).
* Sie verstehen kürzere Erzählungen (…) unter Berücksichtigung einfacher formaler, sprachlicher Beobachtungen. (z. B. Reimschema, Metrum, Klang, Vergleich, Motive).
* Sie untersuchen das Gesprächsverhalten von Figuren in Dialogen aus altersgemäßen Texten.

Produktionsorientierter Umgang mit Texten und Medien

* Sie gestalten Geschichte und Gedichte nach, formulieren sie um, produzieren Texte mithilfe vorgegebener Textteile.

Sprachvaritäten und Sprachwandel

* Sie unterscheiden zwischen mündlichem und schriftlichem Sprachgebrauch.

(*Besonders interessant, da Poetry Slam ein „orales" Format ist, die SuS die Texte aber vorher verschriftlichen sollten*).

Im Lehrplan finden Sie noch zugehörige Aufgabentypen, nutzbar für Poetry Slam in der Jgst. 5/6 wären, u. a. diese:

Sprechen

* Aufgabentyp 1a: anschaulich vortragen, z. B. Erlebnisse und Erfahrungen.

Gestaltend sprechen/szenisch spielen

* Aufgabentyp 2a und/oder 2b: Gestaltend vortragen, z. B. dialogische Texte und/oder Gedichte.

Schreiben

* Aufgabentyp 1a: erzählen: Erlebtes, Erfahrenes, Erdachtes,
* Aufgabentyp 3: zu einem im Unterricht thematisierten Sachverhalt begründet Stellung nehmen.

Produktionsorientiertes Schreiben

* Aufgabentyp 6: Texte nach einfachen Textmustern verfassen, um-schreiben oder fortsetzen.

4.2. BEZUG ZU DEN VORGABEN FÜR DIE OBERSTUFE

Bezogen auf die Aufgaben und Ziele der gymnasialen Oberstufe lässt sich sagen, dass sich der Auftrag „Erziehung und Unterricht in der gymnasialen Oberstufe sollen (...) Hilfen geben zur persönlichen Entfaltung in sozialer Verantwortlichkeit“[46] durch Poetry Slam unterstützen und fördern lässt. Die KMK erwartet von dem Unterricht in der Oberstufe u. a.: „Die SuS sollen zunehmend befähigt werden, für ihr Lernen selbst verantwortlich zu sein, in der Bewältigung anspruchsvoller Lernaufgaben ihre Kompetenzen zu erweitern, mit eigenen Fähigkeiten produktiv umzugehen, um so dauerhaft Lern-

46 Richtlinien und Lehrpläne für die Sekundarstufe II – Gymnasium/Gesamtschule in NRW. Frechen: Ritterbach, 1999

kompetenzen aufzubauen. Ein solches Bildungsverständnis zielt nicht nur auf Selbstständigkeit und Selbsttätigkeit, sondern auch auf die Entwicklung von Kooperationsbereitschaft und Teamfähigkeit."[47] Die KMK unterteilt die Aufgabe der Oberstufe, SuS zur persönlichen Entfaltung und zu sozialer Verantwortlichkeit zu verhelfen, nochmals in einzelne Aspekte. Vorab erläutert die KMK, dass Erziehung nicht nur im Unterricht stattfindet, sondern dass das Schulleben insgesamt Ansatzpunkte bieten soll, um die Entwicklung der SuS zu fördern.

Die KMK nennt folgende Aspekte:

* Die SuS sollen ihre individuellen Fähigkeiten entfalten und nutzen (*lässt sich durch die Schreibprozesse erreichen, ebenso ggf. durch die Planung und Organisation eines Poetry Slams*).

* Die SuS sollen sich mit Werten, Wertsystemen und Orientierungsmustern auseinander setzen können, um tragfähige Antworten auf die Fragen nach dem Sinn des eigenen Lebens zu finden (*„Antworten auf den Sinn des eigenen Lebens finden" sehe ich persönlich eher als Lebensaufgabe als als Aufgabe der Schule an, aber Wertediskussionen lassen sich hervorragend über Textthemen, gesellschaftliche Tendenzen etc. führen*).

* Die SuS sollen ihre sozialen Kompetenzen entwickeln und in der aktiven Mitwirkung am Leben in einem demokratisch verfassten Gemeinwesen unterstützt werden (*soziale Kompetenzen*

47 Richtlinien und Lehrpläne für die Sekundarstufe II

*werden durch den Umgang mit Mitschüler*innen/-slammer*innen und dem Publikum gefördert. Sollten die SuS einen eigenen Slam veranstalten und organisieren, potenziert sich der Lerneffekt*).

Dabei ist Frontalunterricht, laut der KMK, zu minimieren, da dieser nicht die gewünschten Kompetenzen fördert. Das Wichtigste ist die Eigenverantwortung und -tätigkeit der SuS für ihren Lernprozess. Die KMK formuliert unterrichtliche Prinzipien, viele davon werden durch die Beschäftigung mit Poetry Slam, wie in diesem Buch vorgeschlagen, erfüllt, so z. B.: schülerorientierter Unterricht, die SuS sollen dabei mit ihren eigenen Fragestellungen und Problemen ernst genommen werden. Außerdem sollen sie ihre eigenen Lernwege entwickeln (dies geschieht analog zur Entwicklung ihres Schreibstils). Ebenso unterliegt die Beschäftigung mit Poetry Slam dem pädagogischen Leitbild des aktiven und selbstständigen Arbeitens in der Oberstufe. Auch kooperative Arbeitsformen werden bei der Beschäftigung mit Poetry Slam verwendet. Die KMK sagt dazu: „Je mehr die Notwendigkeit besteht, eigene Lernerfahrungen und -ergebnisse mit den Problemlösungen anderer zu vergleichen, zu erörtern, sie dabei zu überprüfen und zu verbessern, desto nachhaltiger ist das Lernen.“[48]

Gerade bei einer längeren Beschäftigung mit Poetry Slam, z. B. bei einem Projektkurs, werden

48 Richtlinien und Lehrpläne für die Sekundarstufe II

Sie feststellen, dass Sie sich als Lehrkraft mehr und mehr zurückziehen können und die SuS in der Lage sein werden, ihre und die Texte ihrer Mitschüler selbstständig zu reflektieren und Denkanstöße zur Weiterarbeit zu geben. Durch die Beschäftigung mit einem Thema und einem gemeinsamen Ziel wird u. a. die Teamfähigkeit gesteigert, was ebenso ein Gestaltungsprinzip des Unterrichts sein soll. Der Aspekt „Anwendung und Transfer" wird ohnehin beachtet, denn schließlich sollten der Inhalt und die Emotionen, die man mit seinem Text beim Publikum erreichen möchte, durch den Auftritt transferiert werden. Da zahlreiche Texte nicht nur ein Thema inhaltlich bearbeiten oder streifen, wird auch die Vernetzungskompetenz der SuS gefördert.[49]

Insgesamt lässt sich also festhalten, dass die Beschäftigung mit Poetry Slam für SuS in jedem Alter und in jeder Schulform geeignet ist, jedoch mit Abstufungen, was die zeitliche Länge der Texte betrifft und die Hilfestellung/Leitung des Kurses durch die Lehrerin bzw. den Lehrer. Je älter die SuS, desto mehr sollten sie im Verlauf der Einheit Eigenverantwortung für ihre Arbeit übernehmen. Dies entspricht dann auch dem Ziel, die SuS im Verlauf ihrer Schullaufbahn zu selbstständigen und eigenverantwortlichen Menschen zu erziehen. Je nach Schwerpunktsetzung und Ausgestaltung der Unterrichtseinheit lassen sich verschiedene Vorgaben zur Legitimation heranziehen.

49 Vgl. Richtlinien und Lehrpläne für die Sekundarstufe II

5. PRAXISBEISPIELE POETRY SLAM

In diesem Abschnitt des Buches erfahren sie mehr über die konkrete Arbeit mit Jugendlichen beim Poetry Slam. Zuerst möchte ich ihnen vorstellen, wie ich selbst das Thema Poetry Slam an „meiner" Schule umgesetzt habe. Anschließend erhalten sie einen kurzen Einblick, wie der U20-Bereich im Poetry Slam, hier exemplarisch am Bundesland NRW dargestellt, vernetzt und aufgebaut ist. Kontaktadressen etc. finden sie im Anhang des Buches, bitte nutzen sie diese Möglichkeit auch. Die Poetry-Slam-Szene ist jung, dynamisch und vernetzt und freut sich, ihre Erfahrungen mit anderen zu teilen.

5.1. DIE ENTWICKLUNG EINES PROJEKTKURSES AN EINER GESAMTSCHULE IN NRW

In diesem Kapitel werde ich von meiner praktischen Erfahrung mit Poetry Slam berichten, insbesondere davon, wie die Implementierung des

Projektkurses in den Unterrichtsalltag gestaltet worden ist.

Ich arbeite seit 2013 an einer großen (mehr als 1.000 SuS) Gesamtschule im ländlichen Raum von NRW. An unserer Schule ist es üblich, in der Jgst. 12/Q1 Projektkurse anzubieten. Diese Projektkurse müssen an ein Fach, das die SuS in dem Schuljahr belegt haben, angedockt sein, d. h. es können nur SuS den Projektkurs belegen, die dieses Fach auch schriftlich angewählt haben. An „meiner" Schule gibt es z. B. einen Projektkurs, der an das Fach Pädagogik angedockt ist (BALU und Du[50]), und einen Zirkusprojektkurs, der an das Fach Sport angebunden ist. Da das Fach Poetry Slam mit dem Unterrichtsfach Deutsch verknüpft ist, welches von jedem SuS schriftlich belegt werden muss, können prinzipiell alle SuS der Jahrgangsstufe den Poetry-Slam-Kurs anwählen. Die Note des Projektkurses, die erst am Ende des Schuljahres gegeben wird (d. h. es gibt keine Halbjahresnoten), ersetzt dabei die Note der eigentlich zu schreibenden Facharbeit. Die SuS, die an einem Projektkurs teilnehmen, müssen also keine Facharbeit schreiben. Allerdings ist trotzdem eine schriftliche Leistung in den Projektkursen vorzulegen. Im Poetry-Slam-Kurs erfolgt dies durch die Abgabe einer Projektmappe gegen Ende des Schuljahres. In die Projektmappe gehören die geschriebenen Texte des Schuljahres (dabei sollte von Ihnen die Anzahl festgelegt worden sein, nicht zwingend

50 https://www.balu-und-du.de/home/

die Themen) und eine Analyse nach vorgegebenen Kriterien zu einem der Texte. Bewertet werden die Vollständigkeit der Mappe (zeitliche Länge, Anzahl Texte, Inhaltsverzeichnis, Deckblatt) und die Rechtschreibung, nicht jedoch die Kreativität der Texte o. Ä. Außerdem fließen unentschuldigte Fehlzeiten in die Bewertung mit ein.

Die SuS müssen sich nicht jede Woche mit Ihnen treffen, sie können auch gemeinsam einen Slam besuchen und diesen anschließend reflektieren und dies von ihren Halbjahresstunden abziehen. Generell ist das Pressen in ein starres Stundenkonzept bei diesem Kurs nicht sinnvoll. Wir haben ein fixes Zeitfenster am Konferenznachmittag (ich darf also ab und an später zu den Konferenzen erscheinen), wir treffen uns aber nicht jede Woche. Sollten die Aspekte: Textmappe, Anwesenheit, Mitarbeit gegeben sein, ist eine durchschnittliche Note anzusetzen. Pluspunkte und eine bessere Bewertung gibt es für zusätzliches Engagement und das Gewinnen eines Slams.

Seit dem Schuljahr 2014/2015 unterrichte ich den Poetry-Slam-Projektkurs an unserer Schule, für den ich auch das Konzept entwickelt habe, welches ich regelmäßig mit den jeweils neuen Kursen reflektiere und ggf. weiterentwickele.

Zu Beginn meines ersten Kurses hatte ich noch nie einen Poetry Slam besucht, ich hatte lediglich einige Videos im Internet gesehen und die offene Form des Formates als sehr spannend, innovativ und kreativitätsfördernd empfunden. Außerdem fehlte mir an meiner Schule ein kreativer Schwerpunkt im Schulprofil, sodass ich diese Lücke schließen wollte. So habe ich diesen Kurs zu Anfang primär aus der Lehrer*innenperspektive gesehen und die SuS viel schreiben lassen. Nicht ganz so ernst genommen habe ich die Angst der SuS, sich mit ihren Texten vor einem Publikum zu präsentieren. Die Befürchtungen der SuS wurden jedoch von Woche zu Woche lauter und ich stellte fest, dass meine Beschwichtigungen, dass es nicht so schlimm werden würde, wie sie jetzt denken, und die Hinweise auf ihre Persönlichkeitsentwicklung und wie stolz sie auf sich sein würden, wenn sie ihre Angst überwinden, die SuS nicht erreichten.

In den Herbstferien dachte ich darüber intensiv nach und kam zu dem Entschluss, dass ich für diesen Kurs aus meiner Lehrer*innenrolle heraustreten sollte, soweit mir dies möglich ist, und die klassische Unterrichtshierarchie abgebaut werden müsste. Dies wird u. a. dadurch erreicht, dass die SuS erst nach einem ganzen Schuljahr bewertet werden (und so die Bewertung für die SuS nicht im Vordergrund steht, sondern der kreative Prozess); dass wir alle, was die Diskussionen zu den Texten betrifft, absolut gleichwertig sind (denn alle Gedankengänge und Assoziationen zu Texten sind gleich wertvoll, schließlich ist das Publikum auch divers, die Lehrerin bzw. der Lehrer hat in diesem Kurs also weder die Meinungshoheit noch die klassische Wissensautorität – damit sollte man als Lehrer*in allerdings auch umgehen können und sich entsprechend einstellen –, auch Sie werden durch die Beschäftigung mit Poetry Slam viel von und mit ihren SuS lernen) und insbesondere auch dadurch, dass man als Lehrer*in einen ähnlichen Prozess durchläuft wie die SuS. Im Idealfall sollte die Lehrerin bzw. der Lehrer also auch mal selbst an einem Poetry Slam als Poet*in teilnehmen. Als mir dieser Gedanke kam, konnte ich die Ängste der SuS plötzlich nachvollziehen – mir selbst würde es doch schließlich auch Angst machen, mich mit einem selbstgeschriebenen Text auf eine Bühne zu stellen und mich von fremden Menschen bewerten zu lassen. Was erwarte ich denn von den SuS? Und ich bin immerhin erwachsen, habe viele Referate und Vorträge gehalten, die gut gelaufen sind, verfüge also bereits über ein positives Selbstkonzept, was das Sprechen vor Menschen betrifft – und ich fühlte mich trotzdem ängstlich, bei dem Gedanken, selbst auf die Bühne zu treten. Ich kam also zu dem Schluss, dass ich das unmöglich von den SuS verlangen kann, wenn ich mich selbst nicht trauen würde. Und dass ich mich selbst nicht mehr ernst nehmen könnte, wenn ich weiterhin predige, dass sie keine Angst haben müssen und sie das schaffen werden, wenn ich mich nun selbst nicht traue.

Meine nächste Handlung war also nur logisch: Ich googelte nach Poetry Slams in meiner Umgebung, fand einen, der am Ende der Herbstferien stattfinden sollte, schrieb eine Mail und hoffte, dass alle Startplätze schon vergeben waren. Waren sie natürlich nicht.

Und so saß ich am letzten Wochenende der Herbstferien zwei Stunden zu früh, mit schwitzigen Händen und einer Menge Befürchtungen im Kopf auf einem Barhocker an einer Bar und malte mir aus, was alles schiefgehen könnte. Irritierend für mich fand das Publikum Gefallen an mir und meinen Texten, ich kam ins Finale, auf welches ich nicht vorbereitet war, da ich niemals damit gerechnet hatte. Der Moderator und die anderen Slammer*innen nahmen mich herzlich auf und wir führten noch Gespräche über Poetry Slam und unsere Texte. Aufgefüllt mit Endorphineuphorie betrat ich nach den Ferien den Poetry-Slam-Kurs und teilte den SuS mit, dass ich sie vor den Ferien die ganze Zeit belogen hätte: Dass es wohl total schlimm sei, zum ersten Mal bei einem Slam aufzutreten – aber nur bis zu dem Moment, wenn man anfängt, vorzutragen. Und dass ich in den Ferien aufgetreten sei, um besser mit ihnen mitfühlen zu können.

Ab diesem Zeitpunkt war die Motivation der SuS und die Zusammenarbeit im Kurs eine andere, wir fühlten uns mehr auf einer Augenhöhe, die SuS sprachen offener über ihre Ängste und Befürchtungen, ließen sich aber auch leichter motivieren, diese zu überwinden. Deshalb ist meine Empfehlung, dass Sie als Lehrer*in, falls Sie sich intensiver mit dem Thema Poetry Slam an Ihrer Schule beschäftigen wollen, auch selbst auftreten sollten. Und sei es nur einmal, um die Angst vorm ersten Bühnenauftritt nachvollziehen zu können und dadurch den SuS ein Vorbild zu sein. Dies empfehle nicht nur ich, sondern u. a. auch Timo Brunke, der der Meinung ist, dass Sie sich dadurch selbst „ein nichts zu ersetzendes authentisches Gefühl für die Sache“ verschaffen.[51]

Die Authentizität ist für Brunke ein wesentlicher Faktor, keinesfalls sollte Poetry Slam von Schulen instrumentalisiert werden, er schreibt: „Heute weiß ich, dass die Schule als System mit eigenen Gesetzen den Poetry Slam auch in einer Weise für ihre Ziele nutzt, die der ursprünglichen Idee des Slams fremd waren. Der Poetry Slam sollte nicht dazu benutzt werden, SuS allein in die Fertigkeit des Präsentierens einzuüben, sondern um ihnen Freiräume zu schaffen, sich zu äußern. Von daher kommt Ihrem authentischen Vorbild eine entscheidende Rolle zu. Wenn Sie selbst sagen können: ‚Ich habe bei einem Poetry Slam mitgemacht‘, so wird Ihre Klasse davon profitieren. Es wird dann deutlich, worauf es ankommt: auf den Mut und die Lust, sich zu zeigen, anstatt möglichst leicht zu bejahende Texte zu verfassen.“[52]

Wichtig!

Den bedeutenden Faktor der Authentizität bringen aktive Slamer*innen automatisch mit – aus diesem Grund ist eine Zusammenarbeit mit den „Profis“ in Form von Präsentationen oder Workshops immer empfehlenswert.

51 Vgl. Brunke, Timo: Wort und Spiel im Unterricht (S. 145)
52 Brunke, Timo: Wort und Spiel im Unterricht (S. 145)

Nicht nur ich, auch die SuS machten in dem Kurs eine Entwicklung durch: Mich hatte es seit dem ersten Auftritt „gepackt“ und ich trat nun regelmäßig auf Slambühnen in ganz NRW auf, die SuS schrieben motiviert an ihren Texten und freuten sich auf den Abschluss-Slam am Ende des Schuljahres. Auffällig war, dass ich von einigen Kolleg*innen angesprochen worden bin, dass sie sich bei einigen SuS nicht vorstellen könnten, dass diese im Slamkurs seien – die würden ja nie was sagen im Unterricht. Dies fand ich interessant und ich beobachtete über die Jahre, dass vormals ruhige SuS ihre mündliche Mitarbeit seit dem Besuch des Poetry-Slam-Kurses verbessert haben – ein sehr erfreulicher Effekt. Poetry Slam stärkt also offensichtlich das Selbstvertrauen und den Bereitschaft, sich aktiv einzubringen.

Für meinen zweiten Slamkurs meldeten sich dann schon SuS an, die wussten, auf was sie sich einlassen. Das konnte man vom ersten Jahr noch nicht behaupten, weder SuS noch ein Großteil der Kolleg*innen wussten, was Poetry Slam ist. Die SuS waren von Anfang an sehr motiviert, hatten natürlich auch Angst vor ihrem ersten Auftritt, freuten sich aber auch darauf, die Angst zu überwinden. Die SuS brachten sehr viele eigene Ideen und Eigeninitiative mit in den Kurs ein. So beschlossen wir in diesem Schuljahr, den Poetry Slam in der Schule zweimal jährlich abzuhalten, einmal am Ende des Schuljahres als großen Abschlussslam und einmal im ersten Halbjahr im Rahmen des Schulfestes. Die Vorrunden finden dann in einem Klassenraum statt, die Finalrunde auf der großen Bühne vor mehreren Hundert Zuschauern.

Dies war ein Vorschlag der SuS, ich selbst habe mich anfangs gefragt, ob das nicht zu viele Zuschauer für einen ersten Auftritt nach wenigen Wochen Beschäftigung mit dem Thema Poetry Slam sind – ich habe die SuS unterschätzt, das funktioniert hervorragend und die SuS sind immer sehr stolz auf sich. Da den SuS aber auch die zwei Slams zu wenig waren, haben wir zusammen das Konzept für einen eigenen U20-Slam in einer anderen Stadt geplant. Wir besprachen Dinge wie Locationsuche, Marketing/Werbung, Kosten und wie man diese erwirtschaften kann u. Ä. So fand im Schuljahr 2015/2016 zum ersten Mal der *WortWächterSlam* statt, der bis heute existiert und fünfmal im Jahr stattfindet.

In den ersten Jahren waren die SuS für den Einkauf und die Theke verantwortlich. Es hat sich so ergeben, dass immer die Jgst. 13/Q2 dafür verantwortlich war, die Einnahmen durften sie für ihre Abikasse behalten. Außerdem war ein SuS für das Filmen und Fotografieren inkl. Schneiden zuständig. Weitere SuS kümmern sich bis heute um die Technik. Diese SuS müssen auch nicht zwingend am Slamkurs teilnehmen, vielleicht gibt es ja entsprechende Arbeitsgemeinschaften (wie bei uns z. B. eine Technik-AG). Ziel des *WortWächterSlams* ist es, Poetry Slam in der Region bekannter zu machen und insbesondere jungen Menschen Raum für ihre

Stimme zu geben. Die SuS lernten dadurch auch andere junge Slammer*innen aus ganz NRW kennen, mit denen sie sich über Slam und Texte austauschen können. Durch die so entstandenen Kontakte fuhren auch einige Slamschüler*innen meiner Kurse zu Slams in anderen Städten, um dort aufzutreten, auch nach Abschluss des Projektkurses. In diesem Schuljahr nahm auch erstmalig einer meiner SuS an der NRW-U20-Meisterschaft in Gütersloh teil und kam dort ins Halbfinale, was für uns beide sehr aufregend war.

Im nächsten Schuljahr fand die NRW-U20-Meisterschaft in Essen statt, dafür hatten sich dieses Mal sogar zwei meiner SuS qualifiziert – einer von beiden kam ins Finale. Auch durfte ich in diesem Jahr eine der beiden Vorrunden der Meisterschaft moderieren. Die SuS aus dem Kurs zuvor traten weiterhin auf Poetry Slams in NRW auf und wurden sogar zu anderen Veranstaltungen als Slammer*innen geladen, was mich sehr stolz machte. In diesem Schuljahr fing ich auch an, die ersten Workshops zu geben. Außerdem moderiere ich seitdem den *Wortfunken Slam* in Wipperfürth, der kein U20-Slam ist – aber auch dort ist es mir wichtig, nicht nur bekannte Slammer*innen, sondern auch Nachwuchspoet*innen jeden Alters aus der Region die Möglichkeit zu einem Auftritt zu geben.

Im Schuljahr 2017/18 lud ich andere Slammer*innen an meine Schule ein, Lars Ruppel[53] organisierte

53 http://larsruppel.de/

einen Workshop mit interessierten SuS der Oberstufe, der mit einem Slam abschloss. Die besten drei unserer Schule traten dann gegen Gewinner*innen anderer Schulen aus dem Umkreis an, dazu fand ein externer Poetry Slam in Köln statt, zu dem die Schüler plus „Anfeuerungsmannschaften" mit Bussen als Schulexkursion gefahren worden sind. Außerdem lud ich einen argenitinischen Poetry Slammer ein, der einen Workshop auf Spanisch mit den Oberstufenschüler*innen durchführte und auch einige seiner Texte auf Spanisch präsentierte, die die SuS vorher im Spanischunterricht besprochen haben – Poetry Slam lässt sich also durchaus auch für den fremdsprachlichen Unterricht nutzen. Gegen Ende des Schuljahres entwickelte ich ein Konzept, um Poetry Slam mit Unterstufenschüler*innen durchzuführen. Ich leitete einige Deutschlehrer*innen der Unterstufe an, wie sie Poetry Slam in einer kurzen Einheit unterrichten können, die Klassen wählten jeweils drei begabte SuS aus, diese traten dann mit jeweils einem Text und einer maximalen Textlänge von 3 Minuten gegeneinander auf der großen Bühne an. Da dies viel besser funktioniert hat, als ich es mir vorher gedacht hatte, plane ich derzeit die Umsetzung einer Poetry Slam AG für die Unterstufe.

Im Schuljahr 2018/19 zog der U20 *WortWächter-Slam* um in eine andere Location, der neue Slamkurs ist von der ersten Stunde an hochmotiviert, es wird wieder einer meiner SuS an den NRW-U20-Meisterschaften teilnehmen und ich werde meinen ersten Workshop für angehende Lehrer*innen an der Ruhruniversität Bochum geben.

Schön zu sehen ist, dass Poetry Slam einige der SuS auch nach Besuchen des Kurses nicht loslässt. Sie treten weiterhin auf oder besuchen Slams als Gäste. Einige haben bereits eigene Bücher geschrieben und wollen diese nun veröffentlichen, einige wollen in Zukunft beruflich etwas mit Sprache und Bühne und Schreiben machen.

Mit einigen SuS des Kurses führte ich Interviews, dabei kam zutage, dass viele der ehemaligen SuS des Poetry-Slam-Projektkurses auch weiterhin schreiben und auftreten. Interessant ist auch, dass alle SuS angaben, schon vor dem Kurs privat geschrieben zu haben, sie damit aber nicht an die Öffentlichkeit gegangen sind. Die Einzigen, die den Schreibprozess zumeist mitbekommen, sind die Eltern. Und diese fühlen sich oftmals nicht in der Lage zu beurteilen, ob die Texte ihrer Kinder auch für andere ansprechend sind. Andere Eltern hingegen interessiert es nicht, ob ihre Kinder schreiben, sie können damit nichts anfangen. Es scheint also sehr viele Jugendliche zu geben, die schreiben, aber keinen Erwachsenen haben, der sie dabei unterstützen oder fördern kann. Da man solche Talente nicht ungenutzt lassen sollte, schließt der Poetry-Slam-Projektkurs diese Lücke perfekt.

Außerdem berichten die Jugendlichen, dass Gleichaltrige oftmals nichts damit anfangen können, wenn sie diesen von ihrem Hobby „Schreiben“ berichten. Im Poetry-Slam-Kurs entdecken sie, dass sie mit ihrem Hobby nicht alleine sind und es noch andere Jugendliche in der Umgebung gibt, die diesselben Interessen haben wie man selbst. Schön ist, dass die SuS durch den Slamkurs ihren eigenen Schreibstil entwickelt haben und nun in verschiedenen Textformaten schreiben statt wie vor dem Belegen des Kurses nur in einer (die meisten schrieben vorher Gedichte, eine jedoch auch einen Jugendroman). Zwei SuS haben sich einige Jahre nach dem Kurs zusammengetan und schreiben derzeit gemeinsam an einem humoristischen Buch. Alle sagen, dass der Kurs ihnen auch für die Persönlichkeitsentwicklung viel gebracht hat und sie durch die Beschäftigung mit Poetry Slam selbstbewusster geworden sind und klarer ihre Meinung vertreten. Außerdem haben sie durch das Auftreten, Reisen und das Kennenlernen der anderen Poetry Slammer*innen ihre sozialen Kontakte erweitert und das Bundesland besser kennengelernt. Eine SuS, die den Kurs vor drei Jahren belegt hat, berichtet, dass sie immer noch täglich ans Schreiben denkt und auch an der Uni viel mit anderen Student*innen über Poetry Slam spricht und Veranstaltungen besucht. Poetry Slam beschäftigt die SuS häufig also weit über den Kurs und die Schule hinaus. Außerdem gehen sie mit offeneren Augen durch die Welt und hinterfragen alles, was passiert, daraufhin, ob es evtuell ein gutes Textthema wäre. Die SuS sind also nach dem Kurs in der Lage, die Welt mit den Augen eines/r Schriftstellerin/kreativen Menschen zu sehen. Überall sind Geschichten und Bilder ...

Auf die Frage, was das Wichtigste sei, das sie in diesem Kurs gelernt haben, gab es u. a. folgende Antworten:

„*Schreiben ist ein ganz normales Hobby. So wie andere Handball spielen, schreiben andere. Vielleicht klingt Handball cooler, aber Slammen macht mir mehr Spaß. Außerdem hat der Kurs mir gezeigt, dass ich was kann. Ich habe nicht unendlich viele Talente, aber Schreiben kann ich ja anscheinend ganz gut. Außerdem hat es mir gezeigt, dass man zu seiner Haltung stehen sollte, z. B. durch Texte gegen Nazis etc., auch wenn nur ein paar Leute die Texten lesen/hören, man hat durch das Slammen eine Stimme. Ich bin wirklich SEEEHR dankbar für diesen Kurs!!*“[54]

Und: „*Dass man nichts falsch machen kann. Solange man Spaß dran hat, ist man eigentlich schon ein Gewinner.*“[55]

Zusammenfassend kann ich also sagen, dass Poetry Slam nicht nur den SuS viel gegeben hat, sondern auch mir, und dass es mehr ist als ein „normales“ Unterrichtsfach.

Ich hoffe, dass ich mit diesem Buch Ihre Begeisterung wecken kann, Poetry Slam an Ihrer Schule unterrichten zu wollen.

---

54 Luzi Hochhardt, 21 Jahre

55 Mikka Göppert, 19 Jahre

5.2. U20-ARBEIT NRW

In NRW finden einige U20-Slams statt, zu denen man sich auch ohne vorherige Bühnenerfahrung anmelden kann. Diese sind eine gute Möglichkeit, um von Ihnen mit Ihrem Kurs besucht zu werden bzw. Ihre SuS auch dort auftreten zu lassen. Die Vernetzung der Poetry-Slam-Szene findet derzeit primär über Facebook statt, fast jeder Slam hat dort seine eigene Veranstaltungsseite und ist über die Suchfunktion zu finden. Über diese Seiten können auch die Veranstalter direkt angeschrieben werden, um nach Auftrittsmöglichkeiten zu fragen. Einige Slams/Slamregionen haben auch ihre eigenen Internetseiten.

So sind aktuell z. B. viele Poetry Slams des Ruhrgebietes auf der Seite wortlautruhr[56] zu finden, darunter auch einige U20-Poetry-Slams (z. B. in Bochum und Essen), diese finden Sie auf der Veranstaltungsseite und sie nennen sich „New Generation Slams“. In Münster gibt es ebenfalls einen U20-Poetry-Slam, diese Termine finden Sie auf der Seite „tatwortimnetz“.[57] Die Termine für die nächs-ten U20-Slams in Gummersbach finden sie auf der Facebookseite des *WortWächterSlams*[58] oder auf meiner Homepage.[59] In Gütersloh wird regelmäßig der *Vogelfrei U20*

56 www.wortlautruhr.de
57 http://tatwortimnetz.de/
58 https://www.facebook.com/wortwaechterslam/?ref=br_rs
59 http://fraulore.de/

Slam veranstaltet, ebenso gibt es einen U20-Slam in Düsseldorf, Paderborn und in Bielefeld. Außerdem findet einmal jährlich, meist im Mai, die U20-NRW-Meisterschaft statt. Für die U20-NRW-Meisterschaft qualifiziert man sich über einen regelmäßig stattfindenden U20-Slam oder über ein Workshopprojekt, das von erfahrenen Poet*innen angeboten wird. Einige der U20-Slams halten gegen Ende der Saison (die insofern ähnlich zum Schuljahr gestaltet ist, dass es eine Sommerpause gibt) einen sogenannten „Highlander" ab, d. h. die Sieger*innen der Saison werden nochmals eingeladen und machen das Saisonfinale unter sich aus. Die Siegerin bzw. der Sieger würde dann den Startplatz für die U20-Meisterschaft des Slams bekommen, sofern der Slam sendeberechtigt ist. Sollte es keinen Highlander geben, wird die Starter*in meist aus den Sieger*innen der vergangenen Slams vom Veranstalter und/oder Moderator ausgewählt.

Die U20-NRW-Meisterschaft findet jedes Jahr in einer anderen Stadt statt, meist ist dies eine, die auch selbst einen U20-Slam beherbergt, und der Slammaster übernimmt die Verantwortung für die Konzeption der Meisterschaft (meistens wird ihm dabei aber noch von anderen Menschen geholfen). Üblich ist es, dass diese an einem Wochenende stattfindet. Am ersten Abend finden meist zwei Vorrunden in verschiedenen Locations statt, die Sieger*innen der Vorrunden ziehen dann ins Finale ein, welches am nächsten Tag, meist in einer größeren Location, stattfindet. Aus dem Kreis der Finalist*innen qualifizieren sich die drei besten für das finale Stechen. Diese drei bekommen auch automatisch einen Startplatz für die regulären NRW-Meisterschaften. Die Gewinnerin bzw. der Gewinner der U20-NRW-Meisterschaft darf außerdem noch an den deutschsprachigen U20-Meisterschaften teilnehmen, die gemeinsam mit der Schweiz, Österreich und Südtirol bestritten werden. Eine Übersicht über die Gewinner*innen und Austragungsorte der letzten NRW-U20-Meisterschaften finden Sie bei Wikipedia.[60]

60 https://de.wikipedia.org/wiki/NRW-Slam

7. ANHANG

MARE NOSTRUM[61]

1100 Hände. In die Luft gestreckt, ertrinkend.
1100 Menschen, die an Mittelmeerwasser ersticken.

„Eine humanitäre Katastrophe. Tausende sterben, Millionen."
Du mittendrin, Hunger, IS.
Schlimmer als sterben, Du willst nur weg.
Du weißt, dass es viele nicht schaffen.
Aber Schüsse in den Ohren und Angst im Nacken treiben Dich weiter,
an die Landesgrenzen.
Du findest nen Schlepper, Dein Fußweg zu Ende.

Die nächsten zwei Wochen in LKWs sitzen. Mit 50 anderen, hungern und schwitzen.
Das wenige Essen ist fast verdorben.
Und gestern sind die ersten zwei Kinder gestorben.

---

61 Anschein, Ella: Mare Nostrum. Abdruck mit freundlicher Genehmigung der Au-torin. Den Text gibt es auch auf YouTube: https://www.YouTube.com/watch?v=Kz-HPdEWmgE&t=8s

Die Eltern der beiden schrieen und bebten, bis zwei Männer kamen, die Leichen zu nehmen.
In den nächst gelegenen Graben zu werfen
und die Ruhe
wieder herzustellen.

Seitdem ist es leiser, als es je war.
Die Stille frisst Dich, Dein müder Arm wischt nur noch selten die Schweißperlen weg.
Zu müde, man schläft nur sehr schlecht in dem Dreck.
Eines morgens, es quietschen die Türen. Ein Sonnenschein, eine Meeresbrise.
Mit wackligen Beinen der erste Schritt.
Wer stürzt und nicht aufsteht, der bleibt auch zurück.

Also reiß Dich zusammen! Geh die verordneten Wege!
Am Abend schon sitzt Du auf einem Plastikbootmeter.
Von dem Kontinent, der Deine Heimat ist, legst Du ab und in Deinem
Kopf vermischt sich die Hoffnung auf Rettung und die Angst, zu ertrinken.
In Gedanken siehst Du Europa schon winken.

„Wir müssen das schaffen“, sagt jemand und lacht,
„Denn wisst ihr, die Römer haben damals gesagt: ‚Mare Nostrum‘,
dieses Meer gehört jedem.

Ihr werden es sehen, wenn wir am Festland anlegen."
Du spürst, wie in Dir nochmal die Hoffnung erwacht.
Doch Dein Plastikbootmeter schwankt in der Nacht.
Weil die Wellen schlagen; und Du zitterst vor Furcht.
Im Auge des Sturmes, sagt man, ist es ruhig.

Und die Wellen schlagen, Dein Atem geht.
Ein. Aus. Ein. Aus. Etwas bewegt sich!
Das Boot wird von der Seite getroffen, Frauen kreischen, ein paar hat's umgeworfen.
Sie zappeln im Meer jetzt, Du schließt Deine Augen,
kannst das alles noch gar nicht glauben,
Da bricht über Dir das Wasser zusammen.
Ein. Aus. Ein. Aus.
Der Sog reißt Dich von dem Boot hinunter, Du schnappst nach Luft. Vor Dir ein Kind,
es blutet am Kopf. Es sinkt hinab, ins tiefe Nichts.
Nicht denken, schwimm jetzt!
RETTE DICH!

Doch nirgendwo ist Hilfe zu sehen, nur zuckende Körper,
die sich im Wasser bewegen.
Nur letzte Gebete in den Augen von Menschen,
die kurz noch kämpfen, bevor sie ertrinken.

In Dir die blanke Verzweiflung,
um Dich der Schrecken.

Du versuchst, Deine Hände zum Himmel zu strecken,
als Du selbst von den Wellen erschlagen wirst.
Du denkst an Zuhause, bevor Du dann stirbst.

Die Fischer italienischer Küsten
werfen aus und berichten
von schwarzen Menschen, mit toten Augen,
die sie manchmal beim Treiben erwischen.
Und man sagt, ihr Blut sei ebenfalls rot.
Und man sagt, es sei auch ihr Meer.
Doch Europa hat „Mare Nostrum“
zum Massengrab verkehrt.

1100 Menschenleben, innerhalb weniger Tage.
Und man sagt, ihr Blut sei ebenfalls rot.
Und man sagt, da sei auch Würde für sie.
Und das Meer trägt sie weinend zu Grabe.

HERBSTANFANGSGEDANKENGANG[62]

Es bringt nichts, sich gegen den Herbst zu sträuben. Die Blätter fallen so oder so. Ich renne mit Käscher und Klebstoff hinterher, um sie aufzusammeln und wieder anzukleben an die Bäume, was mir in den ersten Tagen auch gut gelingt. Altweibersommer. Die Sonne scheint, ich ergebe mich der Illusion des Sommers und lasse meine Gummistiefel im Keller.

Morgens wird es nun langsam kälter. Wir wechseln die Bezüge und unsere Haut wird dicker, so kann es uns nicht mehr so nahegehen, wenn so viel Stoff zwischen uns ist. Wir haben uns so viel erzählt. In der Glut merkt man die Ränder nicht, doch bald wird die Glut starr und kalt, in einigen Monaten zu Eis und schmilzt dann. Es bleiben Verfärbungen zurück, die nur nackt sichtbar sind, so ist es im Herbst.

Es ist bald zu kalt, um nekrophil zu sein. Ich mag deine Leichen nicht und packe die Sommersachen in den Keller. Wir brauchen nun festes Schuhwerk, um durch den Wald zu gehen. Auf den nassen Blättern wird es rutschig, ich sollte mir Schuhe mit Profil zulegen. Oder überhaupt ein Profil. Dein Profil sehe ich nur noch aus den Augenwinkeln, ohne Sonnenbrille wäre alles andere zu auffällig bei so wenig Distanz. Im Herbst tarnt man seinen Blick nicht mehr, es ist eh alles verhangen und verschwindet im Nebel, besonders morgens und abends. Da ver-

62 Frau Lore: Herbstanfangsgedankengang

schwimmt alles und man läuft und läuft und läuft und findet den Faden nicht, weil alles gleich aussieht und gleichzeitig passiert.

Ich bin müde vom Laufen und möchte mich zurückziehen in meinen Bau. Die Hitze hat mich verzehrt, ich bin dünn geworden. Alles geht mir näher als sonst. Ich sauge zu viel auf und möchte doch nicht gefüllt werden. Es wird Zeit, sich zu verpacken, ist ja auch bald Weihnachten, sage ich mir. Abends liege ich in meinem Bett, laufe davon und komme nicht von der Stelle.

Ich hätte mich entscheiden sollen, vor Jahren schon, doch - es ist Herbst, die Blätter sind gefallen. Ich habe nichts mehr zu sagen und habe mich mit der Zeit vertan.

Ich habe in der Sonne zu viel gesagt und zu viel gelacht, man ist so getrieben im Sommer. Und so schnell. Es trieb mich um und an, du kamst immer wieder, ich lief davon, doch wir kreuzen unsere Wege täglich, eigentlich gäbe es genügend Raum, aber du lässt nicht los und hälst uns mit Blicken aus Augenwinkeln fest. Wir grüßen uns, wenn wir aneinander vorbeifahren und ich auf deiner Spur bin.

Ich kehre ein, nicht in Raststätten. Ich kehre in mich ein und umkreise mich, halte mich fest, ganz fest, ganz eng, es ist eng im Bau, ich brauche mehr Wände. Dicke Wände und einen Lichtschalter, den ich nicht betätige, denn noch liegt der Übergang in der Luft, richtig dunkel und kalt ist es noch nicht.

Doch ahnst du das Eis in meinen Gesten. Du hast mir Eis gekauft, gestern, im Sommer, weil es so heiß war. Hätte ich es nicht sofort gegessen, wäre es geschmolzen. Wenn wir unterwegs sind, haben wir nie einen Kühlschrank dabei. Ich habe einfach nicht an den Kühlschrank für das Eis gedacht.

Wir waren nur unterwegs oder in Bewegung, du erträgst die Stille nicht und ich kenne dich nicht im Herbst. – Wie trägst du den Herbst, das Fallen und den Tod?

Ich sehe, wie du deinen Werkzeugkeller aufräumst, um Neues zu bauen. Einen Tisch in den Farben des Sommers. Er wird dir bald nicht mehr gefallen, du baust an deinem Bau wie ich an meinem. Ich habe mir ein Set mit Imbusschlüsseln gekauft, damit ich dich nicht um Hilfe bitten muss. Auch du brauchst niemanden, du hast deinen Keller sortiert und findest nun alles, was du brauchst, auf Anhieb. Deine Ordnung verwirrt mich.

Ich verstehe die Beschriftungen deiner Schachteln nicht. Wir reden nicht mehr miteinander. Im Herbst sind die Worte noch nie leicht gefallen.

Ich will gehen, mich in meinen Bau verkriechen, doch nicht, ohne dir Lebewohl zu sagen, doch – wir reden nicht mehr miteinander. Deswegen bleibe ich, weil ich nicht gehen kann ohne ein Glück-auf-Wiedersehen.

In der Hitze kochte alles hoch, eine Hoch-Zeit, es war so heiß. Du trägst Anzüge auf Hochzeiten, aber bei mir ist dir alles zu eng. Du passt nicht in meinen Bau, ich habe die Wände zu eng gebaut. Ich habe einfach losgelegt, ohne Plan, und dabei nicht an dich oder mich oder an irgendein Uns gedacht. Dein Bau ist groß und weit, eröffnete sich aber erst nach und nach. Man muss erst durch den Tunnel hindurch, um die Größe zu sehen. Trotz der Größe passe auch ich nicht in deinen Bau, weil du dachtest, dass ich kleiner wäre, als ich bin. Du brauchst viel Platz für deine Päckchen, weil du sie ständig umräumst, da ist freie Bodenfläche wichtig. Bei mir ist alles vollgestellt, ich verstecke nichts und finde trotzdem alles wieder. Du magst nicht, was ich gekauft habe. Ich mag die Päckchen nicht, die du trägst. Den ganzen Tag rennst du mit den Päckchen hin und her, wenn du angekommen bist, läufst du wieder zurück. Abends sperrst du sie in den Schrank, niemals in den Keller oder du stellst sie auf den Boden. Nie stehst du still, es gibt keine Ruhepause beim Päckchen-Tragen. Du hast Angst, sie abzustellen, weil du sie dann öffnen könntest. Du weißt, dass du zu neugierig bist. Ständig fragst du mich was, aber deine Päckchen packst du nicht aus. Auch Geschenke interessieren dich nicht, du nimmst sie nicht wahr und beschwerst dich, dass niemand an dich denkt. Aber du packst halt alles ein und weg, baust alles um und bleibst in deinem großen Bau allein und kümmerst dich um die Rose mit den Dornen und die Discokugel.

Es ist Herbst. Heute morgen musste ich zum ersten Mal mein Auto von Eis befreien.

LITERATURVERZEICHNIS

Zeitschriften/Hefte:

Praxis Deutsch 208, 35. Jahrgang: *Poetry Slam & Poetry Clip. Inszenierte Poesie der Gegenwart.* Velber: Erhard Friedrich Verlag in Zusammenarbeit mit Klett, 2008

Bücher:

Anders, Petra: *Deutschdidaktik aktuell.* Band 34. Poetry Slam. Baltmannsweiler: Schneider Verlag Hohengehren, 2. Auflage, 2013

Anders, Petra: *Poetry Slam im Deutschunterricht.* Baltmannsweiler: Schneider Verlag Hohengehren, 2. Auflage, 2012

Anders, Petra: *Poetry Slam. Live Poeten in Dichterschlachten. Ein Arbeitsbuch.* Mülheim an der Ruhr: Verlag an der Ruhr, 2007

Brunke, Timo: *Wort und Spiel im Unterricht. Vom Sprachspiel über Poetry Slam zur Rhapsodie.* Seelze:

Kallmeyer/Klett Verlag, 2. Auflage 2016

Lohmann, Gerd: *Mit Schülern klarkommen. Professioneller Umgang mit Unterrichtsstörungen und Disziplinkonflikten.* Berlin: Cornelsen, 8. Auflage 2011

Samonig, Sabine: *„Checker dichten!" Poetry Slam mit Jugendlichen.* Berlin: Rabenstück Verlag, 2010

Schurf, Bernd & Wagener, Andrea (Hrsg.): *Texte, Themen und Strukturen. Deutschbuch für die Oberstufe.* Berlin: Cornelsen, 2014

Sperling, Theresa (Hrsg.): *Slam Poetry – Monologe und Dialoge.* Weinheim: Deutscher Theaterverlag, 2019

Strack, Karsten (Hrsg.): *Poetry Slam. Das Handbuch.* Paderborn: Lektora, 2017

Willrich, Alexander: *Poetry Slam für Deutschland. Die Sprache. Die Slam-Kultur. Die mediale Präsentation. Die Chancen für den Unterricht.* Paderborn: Lektora, 2010

Richtlinien und Lehrpläne:

Bildungsstandards im Fach Deutsch für den Mittleren Schulabschluss. Köln: Luchterhand, 2004

Kernlehrplan Deutsch für die Gesamtschule – Sekundarstufe I in Nordrhein-Westfalen. Frechen: Ritterbach Verlag 2004

Richtlinien und Lehrpläne für die Sekundarstufe II – Gymnasium/Gesamtschule in NRW. Frechen: Ritterbach Verlag, 1999

Reclam-Hefte:

Leis, Mario: *Kreatives Schreiben. 111 Übungen. Texte und Materialien für den Unterricht.* Stuttgart: Reclam, 2006

Internetverweise:

www.balu-und-du.de

www.facebook.com/wortwaechterslam/?ref=br_rs

www.fraulore.de

www.larsruppel.de

www.lern-psychologie.de

www.litlog.de/misc/lyrik-auf-rechnung

www.myslam.de

www.rhetorik-online.de

www.slamalphas.org

www.slammin-poetry.de

www.slam2017.de/media/nominierungsverfahren.pdf

www.tatwortimnetz.de

www.wikipedia.org/wiki/NRW-Slam

www.wortlautruhr.de

YouTube:

August Klar: Beatbox. https://www.YouTube.com/watch?v=VkcaHv0K1yk&t=2s

Ella Anschein: Mare Nostrum. https://www.YouTube.com/watch?v=Kz-HPdEWmgE

Hannah Lucia: Die Gedanken der Kinder. https://www.YouTube.com/watch?v=XYd8kZzeDF0&t=1s

Katja Hofmann: Ich hasse das. https://www.YouTube.com/watch?v=f4WDNIdUstg

Frau Lore: Im letzten Frühjahr haben wir ein Dreieck in den Wald gezeichnet. https://www.YouTube.com/watch?v=WTRur6Py09I

weiterführende Literatur:

Slamtexte:

Anders, Petra (Hrsg.): *Slam Poetry. Texte und Materialien für den Unterricht.* Stuttgart: Reclam, 2008

Böttcher, Bas: *Die Poetry-Slam-Expedition: Ein Text-, Hör und Filmbuch.* Braunschweig: Schroedel, 2009

zum Thema Schreiben:

Brande, Dorothea: *Schriftsteller werden.* Berlin: Autorenhausverlag, 2002

Englert, Sylvia: *Die neue Wörterwerkstatt.* Berlin: Autorenhausverlag, 2009

Ortheil, Hanns-Josef: *Schreiben über mich selbst.* Berlin: Duden, 2014

Übungen für Schüler*nnen:

Klippert, Heinz: *Kommunikationstraining.* Weinheim und Basel: Beltz Verlag, 1999

Klippert, Heinz: *Methodentraining.* Weinheim und Basel: Beltz Verlag, 2000

DANKSAGUNGEN

Es gibt sehr viele Menschen, bei denen ich mich bedanken möchte, weil ohne sie der Weg bis zu diesem Buch nicht möglich gewesen wäre. Der erste Dank geht an Karsten Strack, der mir das Angebot für dieses Buch gemacht hat. Herzlichen Dank dafür!!! Bedanken möchte ich mich bei meinem Schulleiter, der mir den Raum gegeben hat, mich mit Poetry Slam an der Schule zu beschäftigen, ohne diesen Anstoß hätte ich mich wohl nicht auf den Weg gemacht. Außerdem bei einigen meiner Lehrerkollegen, die mich bei dem Thema unterstützt haben, insbesondere Anton, Anke, Antje, Jürgen, Harry und Heddo. Nicht zu vergessen die SuS, besonders erwähnen möchte ich Serena, Luzi, Murat, Emine, Mikka und Anika. Und natürlich Maurice (und die Technik-AG): Ohne deine Unterstützung wäre ich an einigen Tagen aufgeschmissen gewesen. Dank auch an die Menschen und Firmen, die mir Räume und Möglichkeiten gegeben haben, Poetry Slam in der Region zu veranstalten: Agger Energie (Frau Zielberg), die Sparkasse Gummersbach (Herr Scholz), Herrn Pulla, das Kunstwerk in Gummersbach und die Alte Drahtzieherei in Wipperfürth. Ein großer

Dank geht auch an Johannes L., der mir die Zeitfenster ermöglicht hat, um das Buch zu schreiben. Außerdem an all meine Slamkollegen, die ich nicht alle hier erwähnen kann – besonders nennen möchte ich aber Mario El Toro, der mich bei meinen Veranstaltungen unterstützt hat, Oscar Malinowski fürs gemeinsame Moderieren und Christofer mit F, der meine nächtlich-verrückten Ideen immer ernst genommen hat. Felicitas Friedrich fürs Zuhören und Gedankenteilen, Florian Stein fürs Homepage-Helfen, Jay Nightwind und Markim Pause. Bei Uta und Brigitte dafür, dass ihr immer an mich geglaubt habt. Bei meiner Tochter, es gibt für mich keinen besseren Menschen als dich! Und zu guter Letzt: ein großer Dank an K. – für die Inspiration. Ohne dich wäre ich nicht dort, wo ich heute bin. Alle nicht Erwähnten fühlen sich bitte trotzdem umarmt, ich freue mich auf die nächsten Jahre mit euch und bin gespannt, wohin unsere Wegen uns führen werden.